I0266599

www.ingramcontent.com/pod-product-compliance
Lightning Source LLC
Chambersburg PA
CBHW030859170426
43193CB00009BA/669
* 9 7 8 1 0 6 9 0 2 1 0 7 6 *

انتشارات آسمانا

خمار صدشبه

مجموعه شعر

منصور نوربخش

نشر آسمانا، تورنتو، کانادا
۱۴۰۴/ ۲۰۲۵

خمار صدشبه
نویسنده: منصور نوربخش
ناشر: آسمانا، تورنتو، کانادا
طرح روی جلد: محمد قائمی
صفحه‌آرا: آتلیه نشر آسمانا
نوبت چاپ: اول، ۲۰۲۵/ ۱۴۰۴
شماره آی‌اس‌بی‌ان: ۹۷۸۱۰۶۹۰۲۱۰۷۶

حق چاپ برای ناشر محفوظ است.
Asemanabooks.ca

نخفته‌ام ز خیالی که می‌پزد دل من
خمار صدشبه دارم شرابخانه کجاست؟
حافظ

خمار صدشبه

منصور نوربخش

فهرست

مهاجر	۱۶
بقا	۱۷
از آن من، از آن ما	۱۸
برکه‌ی خشکیده	۲۰
بگو	۲۱
بیگانگی	۲۲
در پی روشنایی	۲۳
نه زمینی، نه آسمانی	۲۴
کوه یخی	۲۶
عرق	۲۸
شب در تو محو می‌شود	۳۰
زندگی	۳۱
پاداش	۳۲
دریایی هست	۳۳
همسفر	۳۴
دیدنت	۳۵
امید	۳۶
گذر عمر	۳۷
شرح حال	۳۸
مهربان باشیم	۳۹
کودکان	۴۰
ازدحام کوچه‌ی خوشبخت	۴۱

ویران	٤٣
معنی عاشقی و زیبایی	٤٤
درد مگر درد شما نیست؟	٤٥
شب چله	٤٦
بهمن ۹۶	٤٧
عمر چهل تکه	٤٨
بیداری	٤٩
برخیزم	٥٠
بیا	٥١
ستم	٥٢
سراب‌ها	٥٣
هیچ بود	٥٥
نبود	٥٦
خاموشی یاران	٥٧
بگو مگو با دل	٥٨
از دست روزگار	٥٩
دعوا با عقل	٦٠
روز عشاق	٦٢
سنگسار	٦٣
یلدا	٦٤
رشته‌ی تدبیر	٦٦
ریحانه	٦٧
سکوت و عربده	٦٨
عزا	٦٩
وضع حال	٧٠
دلبر	٧١

سیزده بدر	۷۲
تزویر	۷۳
اگه دستمو بگیری	۷۴
شاد برقصید	۷۵
دستفروشان خرد	۷۶
کودک فردا	۷۷
نوروز ۹۷	۷۸
دل بیدار	۷۹
باغ و بیابان	۸۰
سراب خیال	۸۲
امید فردا	۸۳
نومیدی	۸۵
ندارد دلم	۸۶
نیایش	۸۷
خراب	۸۸
شکفتن	۸۹
اشتیاق	۹۰
آرام خستگان	۹۲
یاوه‌سرایی	۹۴
وطن	۹۵
ایران	۹۷
هشتم ژانویه	۹۸
شبیه قارچ	۱۰۰
فریاد	۱۰۱
حرف نیاموخته	۱۰۲
آزادگی	۱۰۳

زیستن	۱۰۴
سکوت حلاج	۱۰۵
رسم آفتاب	۱۰۶
تو را می‌خوانم	۱۰۷
باران	۱۰۸
سکوت	۱۰۹
افسانه آفتاب	۱۱۱
همان چیزی که اتفاق نمی‌افتد	۱۱۲
شعری برای همینجا و همین روز	۱۱۴
مشعلی که هیچگاه ندیدیم	۱۱۶
می‌خواهم تلخ‌ترین عاشقانه‌ها را بسرایم	۱۱۷
دوست من	۱۱۹
حس زنده بودن	۱۲۱
برای مهسا امینی	۱۲۲
جوان	۱۲۳
آنسوی پرواز	۱۲۵
صدا خفه کن نفرت	۱۲۶
آخرین رمانتیک‌های من پیش از اینکه فحش یاد بگیرم	۱۲۷
برزگران نفرت	۱۲۹
بوسه بر باد	۱۳۰
معنای پیوستگی	۱۳۲
اشک و خشم	۱۳۳
کاسه صبر	۱۳۴
بافرهنگ	۱۳۵
دلیرانه	۱۳۶
به سختی قابل درک	۱۳۸

سوگند	۱۳۹
دیده بوسی	۱۴۰
شاعر	۱۴۱
حلزون‌های درختی	۱۴۲
نیک‌خواهی	۱۴۴
رهایی و بخردی	۱۴۶
سنگ و غبار	۱۴۷
به گستردگی تمام پیرامونت	۱۴۹
به یاد جانباختگان اعتراضات سال هشتاد و هشت و سال‌های بعد	۱۵۲
تابستان هشتاد وهشت	۱۵۳
نامه	۱۵۴
سبزه و خاشاک	۱۵۶
شاعر سکوت	۱۵۷

بازهم تقدیم به همسر و فرزندانم، فرح، آیدا، و سعید

این دفتر گزیده‌شعرهایی است که از سال هشتادوهشت تاکنون سروده‌ام. بجز یک شعر که سروده‌ی سال شصت است. این شعرها یا نشانی از زخم‌ها و فریادهای مردم ایران در این سال‌ها دارند، و یا تاملات و درونکاوی‌های شاعرند. بیشتر این شعرها تاریخ ندارند چراکه دردی را فریاد می‌کنند که در همه‌ی این سال‌ها تکرار شده است.
منصور نوربخش
تورنتو_ کانادا یکهزار و چهارصد و سه

مهاجر

چراغ و برگ و شعر و آشنایی
درخت و سنگ و خورشید و جدایی
امید و آب و آواز و شقایق
غبار و دشت و چشم و بی‌وفایی

منصور نوربخش

بقا

گل‌های نرگس
نفس می‌کشیدند
در اتاق نشیمن گرم
هر چند هوای برفی بیرون داشت
ریشه‌هایشان را می‌کشت.

کسی گل‌ها را نجات داد
با چیدن و قرار دادن آنهایی که انتخاب شدند
در یک گلدان.

گل‌ها کمی بیشتر زندگی کردند.
سعی کردند مثل گذشته گرده‌افشانی کنند
طبق معمول در هر نفس.
هر چند هیچ شکوفه جدیدی حاصل نشد.

زیبایی قاب گرفته شده ویرانگی پایداری است.

خمار صدشبه

از آن من، از آن ما

من نادیده گرفته شده
به مثابه شعری فرو می‌چکد
از کوه یخی الگوهای آیینی
در حال ذوب شدن.

بگذار به آرامش برسم
پس از احساس تشنگی
و ابرها را لمس کنم
با شوقی وافر.

بگذار رگ و پی خاکی‌ام را حس کنم.

متواری و بیهوش
مثل تکه‌های درهم شکسته
یک کشتی جنگی درهم شکسته، پس از
نبردی مکرر، در دستان جزر و مد.
من زمین را احساس می‌کنم،
گیاهان در حال رشد، نم نم باران و تلالو آفتاب را.

شعر مرا از جا برمی‌کند
برای کاشتنی دوباره در

منصور نوربخش

جایی که احساس می‌کنم
از آن ماست، از آن من است.

برکه‌ی خشکیده

این برکه شاید هم شبی تصویر ماهی داشته
دست و سبوی تشنه‌ای در آن پناهی داشته
خورشید مست بوالهوس روزی در او خندید و باز
این پایبند بی‌کسی شام سیاهی داشته
سرمست از این ساحل مران، یک دم کنار او بمان
این باژگونه آسمان چشمی به راهی داشته
با ریشه‌ها همبستری، از بوستان‌ها دلبری
این سفره‌ی اکنون تهی گنجی به چاهی داشته
این آینه در سینه‌اش بسیار نقش لحظه‌ها
در رهگذار عاشقان شرم نگاهی داشته
خشکیده‌اش در دیده‌ها، خشکیدنش را هیچ‌کس
هرگز نمی‌داند کسی او اشک و آهی داشته
در قطره‌هایش موج‌ها، با این فرودش اوج‌ها
جانش به غیر از زندگی آیا گناهی داشته؟

بگو

گفتی فراموشت کنم؟ این را به چشمانت بگو
گفتی نداری تاب غم؟ با عهد و پیمانت بگو
جایی که قحط عاشقی جان را به یغما می‌برد
با من مگو از کفر و دین، این را به ایمانت بگو
سر پنجه کردی با دلم، گفتی که ویرانی چرا؟
ویرانی ما سهل بین، موی پریشانت بگو
ما را گناه عاشقی خوش خوش به دوزخ می‌برد
پند بهشتت نشنوم، تزویر پنهانت بگو
چندانکه چشم مست تو حکم خرابی می‌دهد
طعنه مزن میخواره را، سرخط فرمانت بگو
گفتی چه داری در دلت؟ دیدی نگنجد در بیان
گنگیم و گیج، آن نکته‌ها با تیر مژگانت بگو

بیگانگی

چشم باز می‌کنم و جهان را نمی‌بینم.
کودکی می‌بینم که خواب باران می‌بیند
در کویری که لحظه را از یاد برده است
و ترنم بهارش می‌پیچد در سروهای
بته جیقه‌ی دامنی
با طرح اسلیمی هزار ساله
که عشق برایش
جز هراس شرمگینی نیست
آغشته به بوی نان
چشم باز می‌کنم و خودم را نمی‌بینم

در پی روشنایی

و من بدنبال چراغی آمدم
که در دست تو بود
بی‌آنکه بدانم که تو خود در قعر چاهی
و می‌سوزی بی هیچ فرجامی.
راست است که تو نیز سوختی
در بن چاهی بی‌فرجام.
ولی این نه آغاز را دگرگون می‌کند
که تو بودی
و نه انجام را
که سوختن بود.
آنچه دگرگون شد من بودم؛
بدنبال نوری گم کرده راه، در آغاز
و گمراهی در پی روشنایی، در پایان.

نه زمینی، نه آسمانی

ماه نشانه‌ای بود
که تا کجا به دنبال تو بیایم
خورشید نشانی نمی‌داد.
همه چیز را در خود محو می‌کرد،
مانند شب. بدتر از شب
ماه بود که می‌خرامید
و به دنبال خود می‌کشید
و بر هر چه نظر می‌انداخت
درخشانش می‌کرد
می‌توانستم خیره در او بنگرم
و به راهی که نشان می‌داد و می‌گذشت،
نه می‌پرسید، نه مجبور می‌کرد
و نه می‌سوزاند.
گاهی هم پنهان می‌شد
بی‌هراس و بی‌واهمه
تا تاریکی را هم تجربه کنم
عشوه‌های ماه نشانی بود
که تا کجا به دنبال تو بیایم
و کجا محو شوم
در سکوتی که نه تحقیر می‌کرد و نه تشنه
ماه بود که می‌خرامید در شولای تیره‌اش

منصور نوربخش

در شب
که هر رنگی در آن پر رنگ‌تر می‌شد
و جسورتر.

کوه یخی

در امتداد کوه یخی، جویبار اشک
جاری است سال‌ها
کوه یخی
با قامتی سپید، خاموش و سرد
یک نیمه آشکار
یک نیمه بیشتر، در زیر آب
نشسته در آغوش موج‌ها
بر صورتش، شیار مدام از سقوط اشک، اشک یخی
در زیر پایش، امواج آب
آبی که جان و هستی کوه یخی از اوست
اما رهاست، در پیش آفتاب، بر گرمگاه خاک
موجی که پایبند کوه یخی نیست، چون اشک‌های او
کوه یخی
بر چهره‌اش، شیار مدام از سقوط اشک، اشک یخی
در سینه‌اش، خروش و خراش مدام موج
مغرور و سخت، غرق خیال
مغرور و سرد، در حسرتی محال
با آرزوی زیستنی بس درازتر از قطره‌های آب
در دست بی‌کرانه امواج گرم، در زیر آفتاب
بی‌وقفه از درون، آب می‌شود
هر موج می‌خراشد و می‌پیچد از دلش

منصور نوربخش

از آب‌های بر شده از گرمگاه خاک
هر موج می‌دود به قله کوه یخی، چون آتشفشان
آتشفشان، میان کوه یخی سر برآورد

خمار صدشبه

عرق*

نه دیده به خوبی تو دیده²
نه چون تو نفس دمی شنیده¹
شوق است مگر دمیده از رخ³
اشک است مگر به گل تنیده¹
یا از خط دوست می‌تراود³
یا از دل خوشه‌ی رسیده²
خونی است به رنگ آب روشن³
گرماش به استخوان دویده²
از طره‌ی او چکید³ و آتش
از شرم نگاه او دمیده²
گل رفت چو زر به کوره¹ و سیم
از آتش و آب آفریده²
عشق است روان چو آتشین سیل³
این گنج نهان به جان کشیده¹
چون گریه‌ی شمع در شب وصل³
شبنم به لبان گل رسیده¹
از طره دویده تا بناگوش³
بر رخ پی بوسه ای خزیده²
غرق عرق از حرارت شوق¹
هر قطره‌ی آن به جان چکیده²
تا یافته گرمی نگاهش³

منصور نوربخش

چون آهو از این و آن رمیده[1]
بویش همه جا گشاده دامن[1]
سوزش دل از این جهان بریده[2]

---

*= عرق
فرهنگ فارسی معین
(عَ رَ) [ع .] (اِ.) ۱ ـ مایعی که از تقطیر جوشاندهٔ برخی ازگیاهان مانند بیدمشک ، کاسنی و ... به دست می‌آید. ۲ ـ نوشابهٔ الکل دار که از تقطیر کشمش ، انگور و... به دست می‌آید. ۳ ـ مایعی مرکب از: آب ، نمک ، اوره و... که از غده‌های زیرپوستی ترشح می‌شود. ؛ ~ کسی را در آوردن کنایه از: کسی را خسته و فرسوده کردن

شب در تو محو می‌شود

وقتی که مست می‌شوی
زیباتری، و زیباتر شعر می‌خوانی
شب در تو محو می‌شود
تمام پنجره را فرا می‌گیری
و مهربانیت تا افق طنین انداز
می‌خواهم نم‌نم بارانی باشم
که بر شانه‌های عریان شب آرام می‌چکد
وقتی که مست می‌شوم

زندگی

نه من برای سکوت زاده شدم نه تو
سکوت را آراستند چون مترسکی
افراشته بر خرمن لحظه‌هایمان
مزین به اشکالی رنگارنگ ربوده شده
از نام‌های حقیقت و قانون و راستی.

باد را در پشت سر داشتیم
و امواج را در پیش رو
و دانه‌های زمان
که از میان انگشتانمان می‌ریخت
قایق‌هایی بسوی شن‌های ساحل
و باد که به صورت‌هایمان می‌خورد
پر از دانه‌های کویر.

پاداش

بگذار شانه‌هایت را ببوسم
تا بر آن‌ها فرشتگانی برویند
خونخوار
دژخیمانی پری چهره به لطافت بارانی
که سیل‌آسا ببرد خانمان و کشت و فرزند
از آنان که چهره‌های آفتاب سوخته شان
دیری است در آسمان در انتظار ابری است
بارانزا و حاصلخیز بی هیچ تسکینی.
بگذار بر شانه‌هایت برویند
دژخیمانی پری‌چهره با لبانی مترنم
به رویای سحرخیزان.
بگذار از شانه‌های بلورینت برایند
در پاداش بوسه‌ای فرشته ـ دژخیمانی
که تو را در عوض نان و جان و فرزند منتظران باران
می‌فروشند،
ای فرشته‌ی ایمان.

منصور نوربخش

دریایی هست

باورت نیست که ما را دل شیدایی هست؟
درد را بهتر از این زخم، مداوایی هست
غافل از خانه خاموش دل ما مگذر
خبر آنجاست که پردرد شکیبایی هست
نیشتر بر دل ما می‌زنی و می‌دانی
زخمه بر ساز زدی، نغمه و خنیایی هست
گیرم از کوهی و دلسنگ ولی می‌بینی
از دل کوه به این ناله هم‌آوایی هست
باورت نیست اگر چوب خدا، اما باز
برحذر باش که آشفته‌تر از مایی هست
تا شوی گرم از این شعله که در سینه ماست
دست پیش آر اگر جان تو را پایی هست
به حقارت منگر دردکشان را و ببین*
قطره‌هاییم ولی جنبش دریایی هست

---

* حافظ: فغان که نرگس جماش شیخ شهر امروز
نظر به دردکشان از سر حقارت کرد

همسفر

همسفر نگاه تو، بار خیال بسته‌ام
گرچه اسیر مرزها، مانده به راه و خسته‌ام
چای بدون دیدنت، خستگیم نمی‌برد
سفره نهاده‌ام بیا، با غم تو نشسته‌ام
مرز ندارد آرزو، کاش به آن سفر کنم
جاده نخواهد عاشقی، از غم راه رسته‌ام
ای تو تمام آرزو، حرفی از عاشقی بگو
با سخن تو روبرو، بند زمان شکسته‌ام

منصور نوربخش

دیدنت

تو جانی عاقبت مرا رسد به لب رسیدنت
زمان چه تلخ می‌رود به شور لب گزیدنت
خزان لحظه‌ها مرا به شوره‌زار می‌برد
بهار می‌رسد ولی به هر دوباره دیدنت
عقاب می‌شود دلم به کوچگاه زندگی
گشوده پر در آن هوا که بنگرد رمیدنت
درخت‌وار مانده‌ام میان خاک و آفتاب
امید سایه‌گسترم برای آرمیدنت
خرام آهوانه را به چشم ماه می‌کشی
چنان غبار می‌رود دل از پی دویدنت
گشوده چشم زندگی پی هوای روی تو
نخفته یکدم از تب دمی به بر کشیدنت

امید

چشمانم به کم‌سویی عادت کرده‌اند
نه لبانم
که صدای گام‌های تو را
نهیب می‌زنند
بر ضربان بی‌وقفه‌ی لحظه‌هایت
که هنوز را می‌اندیشی
در تردیدی جان‌سوز
روزهایت به تکرار عادت کرده‌اند
نه نگاهت

منصور نوربخش

گذر عمر

(برای تولد همسرم فرح)

گفتی گذر عمر همان شیشه و سنگ است
اما دل من کودک و مشتاق درنگ است
در سایه‌ی این ابر نشستن چه گناهی است
حتما گذر ابر در آن لحظه قشنگ است
بگذار همین یک نفس از شوق برآریم
هرچند دل از جور زمان خسته و تنگ است
در چشم من آزردگی باد خزان هست
غم نیست ولی، باز دل از عشق خدنگ است
بگذار به ریش سیه عقل بخندیم
امروز دل کودک من مست و ملنگ است

شرح حال

(برای همسرم فرح)

ما را نگاه‌های نهان شرح حال بود
گفتن از آتش دل عاشق محال بود
جایی که روزگار امان می‌برید و صبر
لطف غمت همیشگی و بی زوال بود
چشمت به راه و پای من و سنگ سرنوشت
انگار آسمان و زمین در جدال بود
در گوش ما همه خواندند شرح وصل
افسوس حرف وقت عمل پایمال بود
گفتم به شیخ شهر نشانی از او بگو
بیچاره همتش همه در قیل و قال بود
ما را خموشی از ره بی‌حاصلی مبین
گفتن محال بود و شنیدن خیال بود

مهربان باشیم

احتمالا حرف من حرف شماست
"مهربان باشیم" تنها حرف ماست
مهربان باشیم هرچند این زمان
مهربانی مثل شادی کیمیاست
گفتم از شادی، شما هم دیده اید؟
اصل شادی یک نگاه آشناست
آشنایی؟ این که خیلی ساده است
یک سوال ساده از آب و هواست
وقت رفتن؟ ماندن یک حس خوب
گم شده؟ پشت سرت چیزی بجاست؟
جستجوگر هر کجا راگشته ای؟
راستی این شعر، اینجا، از شماست؟

کودکان

شادی از کودکان بیاموزیم
جهل و اوهام را نیفروزیم
شاید آن وقت فرصتی باشد
تا ببینیم آنچه می‌سوزیم
غافل از جان پرطراوتشان
همچنان کهنه پاره می‌دوزیم
غرق اوهام پر فریب کهن
مدعی گزاف مرموزیم
سخت پابند سنگلاخ شبیم
می‌خروشیم و طالب روزیم
می‌خراشیم ریشه‌ی فردا
در هوای هنوز و دیروزیم

منصور نوربخش

ازدحام کوچه‌ی خوشبخت

اگر دو کودک شاد از کنار کوچه دویدند
به انتهای جهان_ کوچه شادمانه رسیدند
اگر برای تماشا کنار کوچه نشستند
سرِ گذر پفکی هم از آن بساط خریدند
قرار بود که فردا اگر بزرگ شوند...
هزار قصه که لبریز ذوق و شوق و نویدند
گذشت، تا قدشان با دریچه هم‌قد شد
قدی به قامت دیوار روزگار کشیدند
از آن دریچه که در "ازدحام کوچه‌ی خوشبخت"*
دمشق و بلخ، هراسان دو سمت کوچه پدیدند
بزرگ شد دلشان نیز با سوال و به امید
چه شد که پاسخی از یک سوال خود نشنیدند؟

همیشه تا لب تفتیده با سوال گشودند
به زخم خشم فرو خورده از جواب خمیدند
به رغم اینکه به کوچه امید صبح نشاندند
چه شد به پیله‌ی افیون و کام مرگ خزیدند
کدامیک قدشان از درخت کوچه فزون شد
بلندتر شده از قد خود به قامت بیدند
ولی فراز درختی که برگ و بار ندارد
شبی به صبح رساندند و رنگ صبح ندیدند

خمار صدشبه

به پاس ثانیه‌هایی که عشق عار نباشد
بگو چرا ستاره‌ای از آسمان کوچه نچیدند؟

اقتباس از فروغ فرخزاد*

منصور نوربخش

ویران

ویران شده این شهر که میخانه ندارد*
نه نعره، که تاب پر پروانه ندارد
در مجلسشان جز سخن از روی و ریا نیست
یک دل به صفای دل دیوانه ندارد
سرمست چرا بگذرد آن رند از آنجا
شهری که به تقلید جز افسانه ندارد
صد بوم بر آن سایه فکنده است ولیکن
این بوم و بر آسایش ویرانه ندارد
فریاد از آن شهر که در آتش جانسوز
امید به نزدیک و به بیگانه ندارد
نه جای درنگ است و نه یارای گذشتن
ای چرخ چرا دور تو پیمانه ندارد؟

---

*اقتباس از نجیب کاشانی

معنی عاشقی و زیبایی

ما نیاموختیم بینایی
معنی عاشقی و زیبایی
چیزی از زندگی نفهمیدیم
همه‌اش خستگی و خودآرایی
جان زیبا برایمان موهوم
لایق حرف تازه رسوایی
شهر من درد را نمی‌بیند
جز به هنگام مرگ و تنهایی
شهر من عشق را نمی‌یابد
جز به شکلی شبیه شیدایی
تا ندیده سر کسی بر دار
باورش نیست حرف دانایی
رسم هم‌صحبتی نمی‌دانیم
ما نیاموختیم بینایی

منصور نوربخش

درد مگر درد شما نیست؟

عمری است که در شهر شما عشق روانیست
از ما بگذر درد مگر درد شما نیست؟
گویند مگویید و مخواهید و مبینید
انگار در این شهر کسی فکر خدا نیست
گفتند که در باده خرد نیست ندیدند
از بی‌خردی صحبتشان جز من و ما نیست
بستند در میکده، بتخانه گشودند
این شیخ چرا خفته اگر اهل ریا نیست
نه در پی شرحیم و نه تفسیر و نه معنا
عشق است و همین، دفتر عشاق دوتا نیست
هر نکته که از دفتر دل بود زدودند
یعنی که سخن سنجیشان غیر جفا نیست
از غم برهان تا دلت از غم شود آزاد
ای بی‌خبر این خاصیت ورد و دعا نیست
پیمانه ندادند مگر خون دل ما
زهر است، ولی جام من و دوست جدا نیست

شب چله

ای چله در آغوش تو امید بهاره
دیدم نفست گرمه و چشمات خماره
ما با تو نشستیم که آروم برقصی
یادت نره، باید شب تو روز بیاره
امشب دل من با تو به شیرینی سیبه
هرچند زمونه جگرش مثل اناره
گفتی که شب آشفته و طولانی و سرده
بگذار دلت گریه کنه، خوب بباره
دیدم که ستاره به امید دل ما بود
تا صبح نگاهی به من و چشم تو داره
امشب تو بگو قصه که تا صبح بشینیم
یک امشب ما فرصت آغوش و کناره
ای چله، بیا باز شبی زمزمه سر کن
لب‌های تو شیرینی و موهات سه تاره
یک لحظه اگه بیشتره فرصت امشب
شادیم به اون لحظه که عمری به شماره

بهمن ۹۶

در آینه‌ی بخت جهان اشک تو پیداست
در کوچه‌ی ما دار و درختی است که زیباست
چون کودکی ما سر این شاخه شکستند
انگار که سرسبزی این ترکه کف پاست
تابی به سر شاخه نبستند که شاید
در تاب ببینیم رهایی هوس ماست
یک روز تو پنهان به تن شاخه نوشتی
سهم من و تو هیچ مگر عشق و تماشاست
گفتم که چرا شاخه چنین می‌دمد از خاک؟
آغوش جهان سردتر از کینه‌ی دنیاست
در خواب من آرام تو خندیدی و گفتی
آشفته‌ترین خواب همین مرگ تمناست
بیدار از این خواب به سرزندگی برگ
بی دار، درختی است که در کوچه‌ی فرداست

خمار صدشبه

عمر چهل تکه

خون می‌چکد از دفتر ایام به هر حال
ای عمر چهل تکه‌ی ده سال به ده سال
تا آنکه نبینی و نخواهی و نپرسی
خون دل و چشم تو لگدمال، لگدمال
انگار که روییده برای نشکفتن
یا آنکه نیاورده شبش روز به دنبال
ای کودک دوران طلایی* نرسیدی
این شمع نمرده است ولی سوخته هر سال
خورشید نمی‌تابد اگر چشم ببندی
یاد آر* که تا لب بگشاییم سبکبال
تا باز گلو نفشردش زال سیه دل
باید که به سیمرغ سپاریم مگر زال

---

*اقتباس از دهخدا

منصور نوربخش

بیداری

کاش از این مستی مرا امید هشیاری نبود
کاش این بیهودگی را این همه خواری نبود
این همه از عاشقی گفتند و رسم این جهان
در نگاه عاشقان غیر از دل آزاری نبود
با صفای جان عاشق جنگ دارد زندگی
کاشکی دنیای دون را رسم مکاری نبود
عقل جز تکرار درس خودپرستی نیست، لیک
دفتر دیوانگان را حرف تکراری نبود
از که باید جست رسم آشنایی؟ جسته ایم
آشنا را آشنایی با وفاداری نبود
مهربانی قصه بود و همزبانی داستان
گفتن ای فریاد، پایانش سبکباری نبود
جهل را آرامش و دیوانگی را سرخوشی است
کاش خواب عشق را یک لحظه بیداری نبود

خمار صدشبه

برخیزم

وقت است که برخیزم، وقت است که برخیزی
بیداد پریشان را بستیزم و بستیزی
در عرصه بیداران، ای پیلتن دستان
با دیو دغلکاران، آویزم و آویزی
این رسم ریا تا کی؟ خون خوردن ما تا کی؟
از صحبت کژعهدان پرهیزم و پرهیزی
با جهل و ستم راهی با مهر نمی‌ماند
یا رسم ستم برکن، یا عشق و دلاویزی
یا سرو در این بستان، یا دار در این میدان
یا نیش جفا کاری یا شهد و شکرریزی
"ما بارگه دادیم این رفت ستم برما"*
از جور چه برخیزد با خدعه و خونریزی
بیداد و ستم تا کی این ناله و غم تا کی
وقت است که برخیزم، بستیزم و بستیزی

―――――

*از خاقانی شروانی است در قصیده ایوان مداین

منصور نوربخش

بیا

مهمان عشق باش و به دیدار ما بیا
ای آشنا به دیدن این آشنا بیا
تا هست فرصتی سخن از زندگی بگو
زآن پیشتر که بگذرد این روزها بیا
جایی که روزگار ندارد سر قرار
این بار بی قرار چه وقت و کجا بیا
وقتی نگاه هست چه حاجت به گفتگو
چشمت هزار بلبل دستان‌سرا بیا
روزی هزار مشق تمنا کند دلم
سرمشق عشق و سر خط درس وفا بیا
باران زندگی است آمدنت، آفتاب‌وار
ای پرده در چو باده و باد صبا بیا

خمار صدشبه

ستم

تا چند جوان می‌درد این گرگ شبانه
آوار نبود اینکه فرو ریخت به خانه
این سیل بلا بود که برد از همه آرام
یا زهر دغا بود که رویید به شانه
این تیر به قصد دل ما رفت به چله
چشم و لب شیرین تو را کرد نشانه
این شعله نیافروخت مگر آتش نیرنگ
توفان نکند اینهمه خونابه روانه
تا کی بگدازد دل از این درد نهان سوز
تا چند اسیریم به افسون فسانه
هم با دل پر شور تو دارند سرجنگ
هم ترس از آن قامت یکتای زمانه

منصور نوربخش

سراب‌ها

(به یاد خاموشی غریبانه‌ی صدای خاطره‌های کرمان اکبر ری‌پور در بهمن ۱۳۹۸)

ببین چگونه می‌کند دلم دل از سراب‌ها
که خون به سینه دارم از فغان این غراب‌ها
نکرده هیچ یک مگر عبور از انتخاب‌ها
ندیده هیچ یک ولی شکستن حباب‌ها
که از غرور و سرکشی نکرد بر دلم نگاه

کجا سراغ می‌کنی؟ نشانه‌های شهر من
کجا بگوش می‌رسد؟ ترانه‌های شهر من
غبار هست و نیست این کرانه‌های شهر من
نمی‌طراود عاشقی به خانه‌های شهر من
غمی نشسته بر دلم چو چشم منتظر به راه

به دسترنج بی‌کسی گذشتم از خرابتان
ندیده شهد حکمتی به شور و التهابتان
روا نداشت گور هم، به من چو انقلابتان
بگو به زاهد ریا، نشان اشتباهتان
گناه از من ای عجب تو راست نامه‌ای سیاه

بخوان به کوچه‌های ما دوباره عاشقانه‌ای

خمار صدشبه

مگر بیاد آورم امید را نشانه‌ای
در این زمانه‌ی ستم، چه بلهوس زمانه‌ای!
سپیده را صدا بزن، بخوان، بخوان ترانه‌ای
در این کویر کودکی، از این غرور سر براه

هیچ بود

سهم ما از مهربانی هیچ بود
فاش بشنو زندگانی هیچ بود
در هیاهوی سبک‌مغزان تلخ
بهره‌ی ما از جوانی هیچ بود
باغ می‌جویند یاران در بهار
شور این باغ خزانی هیچ بود
با تو می‌گویم من ای دانای راز
راز و رمز جاودانی هیچ بود
ای سبک‌روحان و ای دانادلان
سهم ما از تازه‌جانی هیچ بود
تشنگی در جام بود و وعده‌ها
از زلال آسمانی هیچ بود
نه نشان شادمانی یافتیم
هم نشان بی‌نشانی هیچ بود
ای دریغ از شوق، از شور، از امید
همدلی و همزبانی هیچ بود

نبود

کاش درد عاشقی ما را نبود
فتنه‌ها در دیده شهلا نبود
کاشکی امید هم می‌سوخت، تا
سوختن تنها نصیب ما نبود
کاش دل در جان هستی جا نداشت
انتظاری در دل تنها نبود
دردمندان را دمادم اضطراب
حسرت از انجام ناپیدا نبود
آن سبک‌روحی که در جام می است
قسمت دیوانگان تنها نبود
می‌رود چرخ‌فلک لنگان و کاش
زیر بار این جان بی پروا نبود
این همه از شهد هستی قصه‌هاست
سهم ما جز شوکران، آیا نبود؟

منصور نوربخش

خاموشی یاران

این خانه چرا خالی و تنها و غریب است؟
خاموشی این مرغ شباهنگ عجیب است
یک سرفه و یا عطسه، اگر زمزمه‌ای نیست
آنهم دل بیمار مرا لطف طبیب است
جامی بزن ای دوست به شادی دلی که
یک عمر فروخورده غمش را که نجیب است
امروز بیا تا به صفای دل یاران
شعری بسراییم که ایام رقیب است
ما زنده از آنیم که خاموش نمی‌ریم
عشق است و همین، آنچه مرا سهم و نصیب است

بگو مگو با دل

ای دل تو چقدر بی‌حیایی
دایم به خیال و در هوایی
یک عمر گرفته ای تو راهم
داری طلبی و یا گدایی؟
ول کن که همیشه بی‌نصیبی
بگذر که مریض و مبتلایی
از بس که خیالباف و منگی
از بس که عجول و پر ادایی
داری هوس و اسیر وهمی
اینطور نمی‌رسی به جایی
بدبخت بفکر درد خود باش
غم درد تو را نشد دوایی
هی مدعی کمال و نوری
در قاف نشسته چون همایی
هی مسخره بازی و مزخرف
گفتی همه را هنرنمایی
از دست تو مانده‌ام پریشان
تاکی پُز و هی سخنسرایی!

منصور نوربخش

از دست روزگار

یا روزگار با دل ما آشنا نبود
یا هرچه بود بر سر مهر و وفا نبود
ما را اگرچه گفت که در سوختن صفاست
اما به هیچ روی در او این صفا نبود
در گرمگاه زندگی از ما نبرد خواست
رفتیم و او نیامد و در ماجرا نبود
از ما چرا وفا طلبیده است؟ ای عجب!
این بوالهوس که هیچ بجز ادعا نبود
آخر چرا اگرچه خودش اهل رحم نیست
مارا به رحم خوانده و جز آن روا نبود
نه در حساب پاسخ کس داد، در عوض
از ما حساب خواست و چون و چرا نبود
از بس به گوش ما همه‌اش خواند از خدا
از ما خدا خدا و خودش باخدا نبود

دعوا با عقل

عقل آمد و باز از کناره
شد موی دماغ ما دوباره
انگار نمی‌رود به خرجش
از عشق مرا نمانده چاره
باید که دکش کنیم یکسر
این بی همه چیز بدقواره
ای عقل مگو که راه دانی
این راه کجا و کفش پاره
اینقدر ملاف از زرنگی
ماییم پیاده، تو سواره
با ما منشین که چوب خشکی
گفتم که حذر کن از شراره
ای عقل مگر زبان نفهمی؟
من عاشقم و شراب خواره
اینقدر مزن به کله ام سنگ
تا پس نزنم به سنگ خاره
دیگر ندهم به حرف تو گوش
اینقدر مگو هزار باره
ای طبل تهی و بوق پر باد
اینقدر مکن به غم اشاره
ماییم و غمی که می‌دهد عشق

منصور نوربخش

در رفته اگر مرا زواره
من مخلص حافظم که فرمود
در عشق نباشد استخاره

روز عشاق

کاش دلم باز بی قرار توباشد
زندگی آغاز انتظار تو باشد
سرمه‌ی بینایی و نگاه تمنا
هست اگر از خط غبار تو باشد
ماه به تکرار تابش تو برآید
چشمه‌ی خورشید وام دار تو باشد
آمدنت شور و وجد و هلهله بخشد
خلسه در آرامش کنار تو باشد
وقت ترنم لبم به شوق تو خواند
لرزش دستم به اختیار تو باشد
باتو بیاید اگر که آمدنی هست
رفتن اگر هست هم نثار تو باشد
در عوض این زمانه‌ی بی رحم
شادی این شعر روزگار تو باشد

سنگسار

زهی بی‌شرمی و نامهربانی
نه رسم همدلی نه همزبانی
چه خواندند این دغلکاران به دفتر
که گم شد از خداجویان نشانی
صراحی می‌کشند از خون عاشق
کجا از گرگ می‌جویی شبانی
صفا از مجلس وعظی مجویید
که دارد با ستمکاران تبانی
فراوان می‌رسد فرمان تاراج
چو شد دزد و عسس در میهمانی
از آن بر فرق ما باران سنگ است
که در خاک است گنج زندگانی
بزن در سنگسار ما از آن سنگ
که جای دل به سینه می‌نشانی

یلدا

امشب بیا دوباره لب از عشق تر کنیم
یك بار هم برای دل خود خطر کنیم
باری که بسته‌ایم و نبردیم سال‌ها
امشب رها و بی‌غم توشه سفر کنیم
یلدا رسید و دست دهد چند لحظه بیش
تا شعله‌ای بپا به امید سحر کنیم
آماده کن به سفره‌ی یلدا کمی غرور
یا نعره‌ای که بر سر بیدادگر کنیم
از کودکان سوخته در محبس کلاس
یاد از غرور زخمی آن کارگر کنیم
از مادری که نخوت بیداد را شکست
یاد از امید غرقه به خون جگر کنیم
امشب روا مدار که در بستر سکوت
در ناگزیرِ خواب، سخن مختصر کنیم
این بار رخوتی است گران‌سنگ و بیم غرق
بگذار تا برهنه سر از موج بر کنیم
رسوا اگر زمانه طلب می‌کند، چه غم
دیوانه نیستیم اگر از آن حذر کنیم
جامی نمانده اینکه به سنگش نکوفتند
بر سنگ لب نهیم و شبی مست سر کنیم

منصور نوربخش

یلدا کجا و کام دل از عافیت کجا
شوریده سر بیا که لب از عشق تر کنیم

رشته‌ی تدبیر

انگار دهن‌ها همه درگیر سماقند
یا از سر عادت پی ترویج خناقند
احوال ستمدیده هویداست، مپرسید
تا مصلحت و ظلم در اینجا به وثاقند
از پایه ندیدند که ویران شده خانه
چون سر به هوا در پی تعمیر رواقند
تا سر به هوا منتظر باد هواییم
بردند و به آهنگ سمرقند و عراقند
قصد شکم و شهوتشان، عقد و تبرك
عشاق از این خرج گران‌فکر طلاقند
انگار که جان‌ها همه در چنگ فریبند
افسوس که دل‌ها همه پابند فراقند

منصور نوربخش

ریحانه

برای ریحانه جباری

این باغ جوانه‌ای ندارد
این شهر ترانه‌ای ندارد
انگار که زندگی حرام است
جز گور نشانه‌ای ندارد
از راه فقط غبار پیدا
شوقی به کرانه‌ای ندارد
امید غریب و عشق ممنوع
سرمست زمانه‌ای ندارد
تا سهم زبان فقط سکوت است
این شعله زبانه‌ای ندارد
از گفت و شنود مانده محروم
جز وهم و فسانه‌ای ندارد
افسوس فرشته‌ی عدالت
از شرم بهانه‌ای ندارد
جایی که زمانه‌ی ستمگر
با عدل میانه‌ای ندارد
چون زنده به گور دختران بین
ریحانه که خانه‌ای ندارد

سکوت و عربده

برای سال پنجاه و هفت

آن فصل گرچه صحبت بوی بهار بود
افسوس سهم باغ فقط گیر و دار بود
جز قصه‌ی سکوت و عربده در هر ورق ندید
آن گل که دردمند سرود هزار بود
باران بقدر تر شدن گونه هم نزد
اما تگرگ بر سرمان بی‌شمار بود
این نعره از چه تاخت اگر آن نسیم بود
در بغض از چه سوخت اگر گل به بار بود
باغ و امید و دامنی از دانه‌های درد
شوقش ولی اسیر غم شوره‌زار بود
گویا سکوت در طپش باغ می‌شکست
تا باغبان جان به لب امیدوار بود
دهقان به گوش شاعر آزرده می‌سرود
از کاوه‌ای که جان و دلش بی‌قرار بود

عزا

مشغول عزا به غفلت و وسواسیم
نسبت به لباس و رنگ آن حساسیم
انگار نه انگار که حق خواهی چیست
ما قبرپرستان خدانشناسیم

....

بیگانه از این سنج و دهل عاشوراست
تا جهل و ستم برایمان سهل و سزاست
بر حال من و تو و چنین ایمانی
امروز اگر گریه کند شمر رواست

....

دشمن چه کند اگر که یاری این است
این ظلم و ریا رسم کدام آیین است
انگار خدا فقط عزا خواست و بس
دینداری ما خودش عزای دین است

وضع حال

هی نشستیم تا زمستان شد
باغمان خشك چون بیابان شد
نگرفتیم دست هم یکبار
جمعمان عاقبت پریشان شد
ترس آمد، امید و عشق رمید
نام این وضع و حال، ایمان شد
عمرها در غم و سکوت گذشت
خو گرفتن به درد، آسان شد
خو گرفتیم و با کمال غرور
درد کهنه شبیه درمان شد
کودکان در شگفت و سر در گم
گَنجشان در خرابه پنهان شد
رسم بدعهدی و دروغ و ریا
همه جا ظاهر و فراوان شد
تا که شد حرف شیخ حکم خدا
کار قاضی چه سهل و آسان شد
از خدا گفتن من و تو، خدا
از خدا بودنش پشیمان شد

دلبر

بهتر از آنی که بگویم خوشی
بدتر از این چیست؟ که عاشق‌کشی
دلبری و شوخی تو در نگاه
در سخنت تافته چون آتشی
لطف تو گل را بنشاند خجل
چون بنشینی به برم سرکشی
بی تو ندارم سر گفت و شنید
با من اگر چند فقط خامشی
دل به تو دادم به امید دلت
گرچه شکستی دل من، دلکشی
آینه دار تو شده مهر و ماه
مهر تو را نیست ولی مهوشی
جز به تو دل را نتوان بست و دید
بسته‌ی بیداد در آسایشی

سیزده بدر

بیا باهم برقصیم عاشقانه
به لب‌هایم بیاموز این ترانه
چراغ شهر را روشن کن از گل
بیفشان گیسوانت را به شانه
بگو باران که شهر غرقه در اشك
بخندد باز بی ترس و بهانه
دری را باز کن با لطف لبخند
به سرمایی که می‌لرزد زمانه
به باغ ماست رسم نا شکفتن
تو بشکن رسم کهنه، شادمانه
صفا و شادی یك روز تعطیل
شبیه گردشی بیرون خانه
بیا این سیزده روز بهاری
بخوانیم و برقصیم عاشقانه

منصور نوربخش

تزویر

کم کمک داشت باورم می‌شد
حرف‌های تو از برم می‌شد
کاشکی تو نمی‌زدی نیرنگ
یا سیاست کمی سرم می‌شد
اگر اینقدر ظالمانه نبود
شاید اوضاع بهترم می‌شد
به همین سادگی گمان کردم
باطنت مثل ظاهرم می‌شد
آنقدر هم کلک زدن بد نیست
گر خرافات یاورم می‌شد
من هم از گله می‌ربودم، اگر
گرگ دنیا مشاورم می‌شد
کاش حالا که کار برعکس است
صلح تو جنگ آخرم می‌شد

اگه دستمو بگیری

اگه دستمو بگیری می‌تونیم دوباره پاشیم
بسه تنهایی و وحشت بیا تا دوباره ما شیم
شعر بارون بهاری یادته؟ بیا بخونیم
تا که باز دلاببارن مث قطره همصدا شیم
پشت دیوار زمونه، دل ما چرا غریبه؟
برای طلوع شادی، بیا با هم آشنا شیم
چرا سهم ما نباشه گل و آب و مهربونی
چقده دروغ بافتن تا که تنها و جدا شیم
من میگم دیو همینه، من و تو تنها و خسته
می‌دونی پری کدومه؟ وقتی که باهم رها شیم
نکنی عادت به تکرار، نشه باورت نگفتن
نکنه ببندی چشماتو، که مثل شب سیا شیم
دل ما شکسته شاید، ولی ناامید هرگز
اگه دستمو بگیری، می‌تونیم دوباره پا شیم

منصور نوربخش

شاد برقصید

(برای روز زن)

شاد برقصید که شادی رواست
ظلم خطا، جهل خطا، غم خطاست
حق شما نیست مگر عاشقی
حکم جز این، ناحق و عین جفاست
مست غرورند و اسیر هوا
پاک شمایید و نگاه شماست
شرم ندارند از آلودگی
ننگ ندارند وگر هم ریاست
پرده درانند به تزویر و خشم
راستی و صدق شما کیمیاست
شاد برقصید به سرزندگی
چشمه نورید، نه این ادعاست
همقدم آب و گل و ابر و خاک
هم نفس هر چه که عین صفاست

دستفروشان خرد

باید که دلم شادترین هلهله باشد
حیف است میان من و تو فاصله باشد
انگار که این چاه ندارد خبر از آب
یوسف چقدر منتظر قافله باشد
ای تف به جوانمردی دزدان سحرخیز
ماییم و گناهی که دلش یک دله باشد
در سوختن ما اثری هست که آتش
سرمست تماشای چنین مشعله باشد
از دستفروشان خرد نقد ندیدیم
دریوزه‌ی مفتی هم از این مرحله باشد
خاموش نگاهت به نگاهم نگران بود
دیدند که در اشک تو صد زلزله باشد
در گوش دلم شاد دمی زمزمه سر کن
شک نیست در آغوش زمان ولوله باشد

کودک فردا

چهارشنبه سوری ۹۶

تقویم جدید را خریدی؟
در آن خط آشنا کشیدی؟
ای کودک مهربان فردا
در پهنه‌ی زندگی چه دیدی؟
چون دفتر بی ترانه‌ی من
یک لحظه امید آفریدی؟
درباره‌ی عشق و مهربانی
جز حرف از این و آن شنیدی؟
شاید تو هم از ترنمی شاد
با خشم ستمگران خمیدی؟
یا چون دل من به شوق پرواز
در سایه‌ی زندگی خزیدی؟
ای بارور بهار فردا
در خون و غبار آرمیدی؟
امید که ای امید شیرین
یک عید ببینمت رسیدی
در این شب چارشنبه سوری
از روی دلم اگر پریدی؟

نوروز ۹۷

نوروز می‌آیی؟ بیا
شاید تو دلشادم کنی
با مهربانی‌های خود
یک لحظه آزادم کنی

نوروز می‌آیی؟ بگو
از همدلی برگ‌ها
از عشق باران و زمین
از آفتاب و سنگ‌ها

نوروز می‌آیی؟ ولی
اینجا همه آزرده‌اند
با سیلی نامردمان
داغ عزیزان برده‌اند

نوروز می‌آیی؟ بخوان
شعر خوش بالندگی
تا دستمان در دست هم
شاید بروید زندگی

دل بیدار

از زهدفروشان دل بیدار ندیدیم
جز فاصله از واعظ بیمار ندیدیم
از شبهه و تزویر و ریا، تهمت و نیرنگ
هرچند حرام است ولی عار ندیدیم
گر باده حرام است چرا در صف ایشان
دیدیم تکبر، سر هشیار ندیدیم
واعظ به خرابات روان بود و ندانست
او دربدر و ما ره هموار ندیدیم
ای کاش که دیوانگی آموخته بودیم
عمری که از عاقل بجز آزار ندیدیم
یک عمر دمیدیم بر این آتش خاموش
جز تیرگی افزون به شب تار ندیدیم
دل آینه پرداخت به امید نگاهی
شد تیره که جز غرقه‌ی پندار ندیدیم

باغ و بیابان

باغ بردند و بیابان دادند
جمع بردند و پریشان دادند
تا که افراشته دارند علم
نسبت خویش به یزدان دادند
عقده‌های دل خود را باخشم
نام آگاهی و ایمان دادند
بس که این قوم دروغند و دغل
بی سبب چاک گریبان دادند
همه را غیر خود از اهل عذاب
نام کردند و به حرمان دادند
نه محبت بلدند و نه نشاط
درس تنبیه فراوان دادند
وعده‌های سرخرمن بسیار
به همه کوخ نشینان دادند
مگر این ارث پدر بود که هی
خورده با این و به آنان دادند
تا مگر فرصتی آرند به کف
سهم این خانه چه ارزان دادند
دردمندی اگر آمد به ستوه
جای در گوشه‌ی زندان دادند

منصور نوربخش

به زبان دشمن خصمند ولی
دست با خصم چه پنهان دادند

سراب خیال

افسوس که زندگی خیال است نه خواب
بیداری از این خیال چون نقش بر آب
در چشم خیال تشنه بودیم ولی
تا چشم بهم زدیم دیدیم سراب

امید فردا

فرزند غروب بی‌کرانه
فردا و طلوع را نشانه
با یاد تو ای امید فردا
ما را گذرد مگر زمانه
آزاد نمی‌شود دل از غم
با وهم و خیال شاعرانه
جایی که نمانده چشم گریه
نه خنده رواست شادمانه
گویند منه برای تسکین
بر شانه‌ی دوست سر به شانه
از وهم پرست آتش افروز
شد روز چو حسرت شبانه
تا هست نشان ظلم و تزویر
غم بسته میان در این میانه
ترسم که تو را رسد زمانی
از ما نپذیری این بهانه
انگار تویی مقابل من
می‌پرسی و در سکوت، خانه
این خانه تو را نخواند با مهر
در باز نکرد مادرانه
مردیم در این سکوت امروز

خمار صدشبه

امید مبند بر ترانه
آغوش که بسته‌اند از کین
فردای تو نیست عاشقانه

نومیدی

ای سحر از باغ پریشان برو
ای نفس از سینه‌ی ویران برو
جلوه‌ی امید میا در نظر
ای نظر از دیده‌ی گریان برو
راه مده این دل خونین به جمع
شمع، از این تیره شبستان برو
گنج نهان نیست به کنج خراب
ای گهر از مخزن پنهان برو
تا نشود باز نمایان سراب
آب، از این بر و بیابان برو
آز گشاده ست صدف را دهان
از دهنش قطره‌ی غلطان برو
تا ندمد باز گل از بیخ خار
بلبل از این خار مغیلان برو
تا نشوی طالب خورشید باز
شب پره از سایه‌ی خوبان برو
روز ندارد شب درد و فراق
ای دلم از کوی عزیزان برو

ندارد دلم

قصه‌ی بسیار ندارد دلم
کار به گفتار ندارد دلم
بوی بهار از نفسم می‌دمد
حسرت گلزار ندارد دلم
هیچ نخوانده‌ست از آیین عقل
سینه‌ی بیمار ندارد دلم
پا نفشرده‌ست بر اصرار هیچ
میل به انکار ندارد دلم
چون که نخورده‌ست مگر شهد خویش
غله و انبار ندارد دلم
مصلحت و جور و ستم عار او
قدرت خونخوار ندارد دلم
شمع نخواهد که نشد تیره روز
گنج نه، چون مار ندارد دلم

نیایش

آنجا که نشان آشنایی باشد
کی درد فراق و بینوایی باشد
من فارغ از این خدایی و بندگیم
گر خود نه تو را سر جدایی باشد

خراب

مابیم و کنج دوزخ و یک جرعه می، برو
زاهد به جنتی که خرابش نکرده عشق

منصور نوربخش

شکفتن

حسی میان زندگی و مرگ با من است
وقتی که روزگار خلاف شکفتن است

اشتیاق

زد به دلم آتش شوقت شرر
سوخته را نیست مجال نظر
درد نداند که بجوید دوا
پر نگشوده که بداند سفر
گیرم از این شوق رهیدم به صبر
کیست که باور کند از محتضر
دست من و دامن آن دشمنی
می‌کشد و می‌گذرد زودتر
از نفست چون دم باد بهار
غنچه‌ی جان هر نفسی پرده در
نقش دل از سیل سرشکم خراب
شسته دلم دست به خون جگر
نیست بجا هیچ مرا جز فراق
مانده نبینی دگر آهی مگر
گوهری عشق نسنجد عیار
جان مرا چون که نماندش اثر
برده مرا هرچه بجز درد شوق
کرده رها سوخته‌ای شعله‌ور
مهر زده بر دل و چشم و زبان
از خود و از غیر ندارم خبر
سوخته و برده و پنهان شده

آن دل و آن دلبر و آن جلوه‌گر
کو که ببینم که سرم زد به سنگ
کو که ببینی اثر از سنگ و سر
هان بحذر نیستی آتش‌پرست
آتشم اینک تو میا در گذر

آرام خستگان

امشب بیا دوباره ترا آرزو کنم
خود را مگر به خاطره ات جستجو کنم
امید را بگو که درنگی دوباره کن
باشد که پاره‌های دلم را رفو کنم
گفتی کدام دل؟ به گواهی لب ترا
با قطره قطره دیده‌ی خود روبرو کنم
بی باده نیست مهلت جان را شب فراق
از من مخواه‌هان، که به این درد خو کنم
حاجی به راه بتکده‌ای رفت و بازگشت
باید برای توبه به می شستشو کنم
خوش پشت پا به رسم ریا می‌زند دلم
خوش‌تر که دیده ساغر و دل را سبو کنم
بس رسم عقل طعمه‌ی دام ریا و جهل
دیوانه‌وار بار دگرهای و هو کنم
این موج خون که می‌برد آرام خستگان
فرصت همین دم است اگر گفتگو کنم
برخیزم این زمان اگرم عزم زندگی است
مرگ است سر به سینه‌ی غمگین فرو کنم
لعلی ندید کان مروت*، چو آفتاب
برتابم و چو رعد به آفاق رو کنم

منصور نوربخش

چون فرصتی به غیر همین یک نفس نبود
ماییم آن نفس که ترا آرزو کنم

---

* حافظ: لعلی از کان مروت برنیامد سالهاست
تابش خورشید و سعی باد و باران را چه شد

یاوه سرایی

یاوه گفتن کسب و کار عده‌ای
غصه خوردن روزگار عده‌ای
اینچنین شد سهم ما فقر و فراق
آنچنان شد اعتبار عده‌ای
عشق و لبخند و سبکبالی حرام
رنج و بدبختی قرار عده‌ای
عده‌ای را انگ نادانی زنند
تا بگردد در مدار عده‌ای
ظاهرا خاموشی ما لازم است
تا برآید انتظار عده‌ای
کی شود یک عده را مکنت نصیب
تا نبرد از سر دمار عده‌ای
عده‌ای را دعوی علم است و عدل
با وجود حال زار عده‌ای

منصور نوربخش

وطن

شهر من داغ عاشقان دارد
یاد یاران مهربان دارد
شهر من در زمان بی‌رحمی
در دلش عشق را نهان دارد
بال‌هایش شکسته‌اند، ولی
شوق پرواز را به جان دارد
آرزویش ستاره‌وار، بلند
خانه در اوج آسمان دارد
در سکوتی که می‌زند فریاد
نسل‌ها درد، بر زبان دارد
شبچراغی به ره ندید، اما
زخم، از دست رهزنان دارد
سرو، اما اسیر زنجیر است
چون از آزادگی نشان دارد
دست‌هامان مگر رسند به هم
که امیدی به غیر آن دارد؟
هیچکس ناله ترا نشنید
ای وطن، گوش کر جهان دارد
ای وطن، ای وطن، امید تویی
جنبشت موج بیکران دارد

خمار صدشبه

ای وطن، ای وطن، طلوع ترا
چشم فرزند تو نشان دارد

منصور نوربخش

ایران

به یاد جان‌های عزیزی که با جنایت ساقط کردن پرواز PS752 پرکشیدند.

ای سوخته در غم عزیزان
ای مادر دردمند، ایران
ای نام تو از بهار سرشار
ای جان تو خسته چون زمستان
هر روز به داغ تازه دلخون
هرشام به وحشتی پریشان
هرچند صبور و مهربانی
بگرفته تو را ستم گریبان
آتش زده‌اند آسمان را
بر خاک نمانده هیچ سامان
تا چند پر اشک دیدگانت
از آتش ظلم کینه ورزان
باشد که به شادیت ببینم؟
در شادی کودکانت، ایران

هشتم ژانویه

برای نه خدمه و یکصد و شصت و هفت مسافری که در پرواز PS752 تهران جان باختند

نامت را هجی کن
بر کف دست من.

همانطور که برای
یک نابینا یا ناشنوا هجی می‌کنی.

در منتهای تنهایی
در پایان سکوت
در عمق ناشناخته آشفتگی.

من معنای
کودکی را نزیسته‌ام
اما تو را بازشناختم
از نوری که در دستانت می‌آوردی
در سکوت
در گرگ و میش امید مان.

چند روز، چند ماه، چند سال گذشته است از
سرنگونی پرواز PS752

منصور نوربخش

و هنوز سیاستمداران و خودکامگان
میلیون‌ها هزینه می‌کنند
برای محافظت از خودشان
در کنفرانس‌های مطبوعاتی
با کلماتی که تنها
برای برآشفتن زندگی و تباهی عشق به کار می‌آید.
و چانه‌زنی برای خریدوفروش جنگ‌افزار مدرن‌تر.

شبیه قارچ

برای اینکه دیگران را نشنویم اسلحه کشیدیم. چون شنیده بودیم که حتی گل‌ها هم تیغ دارند.
و برای اینکه دیگران را نبینیم چراغ‌ها را خاموش کردیم.
بدون نور بزرگ شدیم.
مثل قارچ‌ها. حجیم و توخالی. بدون طعم و تهی.
جنگلی از قارچ‌های غول پیکر.

قارچ‌ها
بر دست و زبان و چشمانمان روییدند.
لب‌هایمان قارچ‌های بزرگی شدند که بوسیدن نمی‌دانستند.
و گوش‌هایمان قارچ‌هایی بدون طعم ترانه.

ما با کشتن چراغ‌ها دیگران را نمی‌دیدیم،
و دنیاهای دیگران را و رنگ‌پریدگی خودمان را.
ما تهی و رنگ‌پریده بودیم و دیگران را برای رنگ‌آمیزی دنیای خودمان می‌خواستیم.

اما نمی‌دانستیم که در تاریکی ما خودمان را هم نمی‌توانستیم ببینیم.
و آنچه رشد می‌کرد و تکثیر می‌شد نه شبیه ما بود و نه به ما عشق می‌ورزید.

فریاد

فریاد که دل فرصت فریاد ندارد
این خانه ویران دل آباد ندارد
شهری که اسیران همه آزاده‌دلان‌اند
امید که از غم شود آزاد ندارد
عمری به هوای نفسی رفت و امیدی
یك دم برهد از کف صیاد ندارد
یا زخمه حصاری* زد و یا جامه درّان* بود
در خاطره‌اش جز خط بیداد* ندارد
با سوختگان شعله خشم است بپرهیز
این دست مگر تیشه فرهاد ندارد!
پروا نکند قاضی از این ریش که جنباند؟
شك نیست ستم ریشه و بنیاد ندارد

---

*نام سه گوشه در موسیقی ایرانی.

حرف نیاموخته

ای بال و پر سوخته‌ی من، وطن من
ای مادر لب دوخته‌ی من، وطن من
یغما شد و تاراج بجز نام تو ما را
ای گوهر نفروخته‌ی من، وطن من
از هر چه بجز درد تو تعلیم سخن شد
ای حرف نیاموخته‌ی من، وطن من
روی تو چرا سرخ شد از سیلی بیداد
ای چهره‌ی افروخته‌ی من، وطن من
سهراب ستمدیده و این مهره خونین
گنجینه و اندوخته‌ی من، وطن من
ای مانده به در چشم وبه سر شور و به دل آه
تهمینه دلسوخته‌ی من، وطن من
خاموش نشد آتش دیرین سیاوش
ای مشعل افروخته‌ی من، وطن من

آزادگی

فریاد کن اندیشه‌ی بیدار زمان را
هرچند بسوزند و بدوزند دهان را
ما گوهر آزادگی خود نفروشیم
هرچند بجایش بفروشند جهان را
پروا مکن از یورش بیداد که این سیل
اول ببرد خانه‌ی بیدادگران را
هرگز نزند دست ستم بند به پایی
تا نقش نزد بر دل او وهم و گمان را
چون دیده فرو بندم از اوهام ریایی
درهم شکنم وحشت کابوس گران را
معذور کن ای شیخ اگر سجده نکردیم
اوهام پراکنده‌ی ظلمت زدگان را
ماییم و دل صاف صراحی که عیان کرد
در آینه‌اش چهره‌ی بت‌های نهان را

زیستن

می‌خواهم مثل آن سگ کوچک
در برف‌ها جست‌وخیز کنم
بی‌وسوسه‌ی بهتر بودن
یا اندوه چرا نبودن

می‌خواهم مثل آن پرنده‌ی کوچک

دانه برچینم و پر بکشم
به شاخه‌ای دیگر
و دانه‌ای دیگر که نمی‌دانم کجاست

پرستش باید همین باشد
و عشق نیز همین
آنسان که هنوز امید و نا امیدی
و اندوه و اضطراب
بر شاخه‌ی خیال نرسته باشند

می‌خواهم خود زمان باشم
نه آویخته بر ریسمان کهنه‌اش

سکوت حلاج

با تو آمدم تا کرانه‌ای
که امواجش خاکسترت را
در آغوش کشیدند
با تو آمدم
تا آرامش توفانی تردید
در بامداد دار و تبر و تکرار
با تو آمدم و اشارتی که به سوختن کردی
و من غرقه در امواج حیرتی
که هنوز را
می‌سوزاند
در قتلگاه رویش و وصل

رسم آفتاب

مگر که شهر شما رسم آفتاب ندارد؟
چرا شب دلتان رنگ ماهتاب ندارد؟
مگر شما به تماشای شوق هم نمی‌آیید؟
چرا نگاه شما شعرهای ناب ندارد؟
مگر برای نشستن به سایه ای نرسیدید؟
چرا مسیر شما هیچ جز سراب ندارد؟
امید و طعنه قراری میان کوزه و سنگ است
شکست، قصه‌ی سنگی که انتخاب ندارد
محاق ماه اگر نیست فرصت شب و بوسه
غروب خسته چرا آرزوی خواب ندارد؟
مرا به شوق تماشای باغ‌ها مبر ای سرو
اگر به پای گلش جوی از شراب ندارد
نمانده فرصتی اما بیا به ساحل یادت
اگرچه سرکشی موج جز حباب ندارد

تو را می‌خوانم

تو را می‌خوانم
با صدایی برنیامده از هرگز
تو را می‌جویم
در فرصتی از دست رفته در هنوز

در آفتابی که بیش از فرصتی
برای سایه شدن
و انگاره‌های نامطمئن تقدیر را
باورمندانه تکرار کردن نیست

کاش خیالی می‌شدی، پرنده وار
کاش تاملی می‌شدم
چون جویباری درآنجا که خیال پرنده را
پرواز می‌کنی

باران

چشمی به باران داشتم، چشمی به دستان شما
تا کی زمستان بگذرد از باغ و بستان شما
در کوچگاه زندگی تدبیر باغی تازه کن
شاید به گوش آید شبی آواز مستان شما
با عزم شیدایی مگر چون آتش می شعله ور
لبخند را مهمان کند روزی گلستان شما
بنشین و یادی تازه کن چون باده‌جوشان در سبو
برخیز تا رقصان شود دل در شبستان شما
تا عزم دلداری کنی، مستانه غمخواری کنی
این جام و اینک زخمه‌ای در شور دستان شما

منصور نوربخش

سکوت

دیریست که در سکوت بسر می‌برم
شعر ، نه سخن است
نه فریاد و هیاهو
شعر، سکوتی است خونبار و تلخ

لحظه‌های مستی‌ات را با من تقسیم کن
تا من قطره قطره‌ی جانم را در جامت بریزم
دوست دارم نگاهت را
وقتی که نه جان را به چیزی می‌انگاری
و نه جهان را

لحظه‌های مستی‌ات را با من تقسیم کن
تا در سکری جاودانه
نه جان را به چیزی بگیرم
و نه جهان را

اندوه یعنی زمانی که هیچ نشانی
از تو در حوالی نگاهم نباشد
اندوه، جز تهی ماندن از خیال تو نیست
مستی‌ات را با من تقسیم کن
رها و سرشار

خمار صدشبه

پر از هیاهوی شادمانه‌ی درخت
و رود و کوه و دریا
دیریست که در سکوت بسر می‌برم

افسانه آفتاب

من جز روشنای چشمانت را
ندیده‌ام
چراغی که در دست داشتی
از چشمانت درخشان‌تر نبود
با بستن چشمانم
فرو نمی‌افتم
سقوط بی‌معنا است
وقتی که نگاهت مرا می‌برد
هرگز تیرگی را ندیده‌ام
و هرگز نخواهم دید
نگاهت اشارتی بود
تا هرگز چراغی برنیفروزم
آفتاب جز نگاهت را بخاطر نمی‌آورد

خمار صدشبه

همان چیزی که اتفاق نمی‌افتد

امروز چهارشنبه اوایل دهه شصت من ساعت چهار بعدازظهر با تعاونی ۱ یا ۱۵ و یا لوان تور یا گیتی نورد به سمت تهران حرکت می‌کنم. زیرشلواری را توی چمدان می‌گذارم و کتاب «تکنیک پالس» را و کتاب «پدران و پسران» تورگنیف را. و من خودسازی می‌کنم و کتاب «حسین وارث آدم» شریعتی را برمی‌دارم. و من نگران ایست بازرسی هستم که به کتاب تورگنیف گیر ندهد. اتوبوس برای شام ـ نماز نیم‌ساعت می‌ایستد. و من به سمت رستورانی می‌روم که بویش مخلوطی از مستراح و آشپزخانه است. به نمازخانه می‌روم و باید خودسازی کنم. نمور است و بوی جوراب می‌دهد و لامپ کم نوری از سقفش آویزان است. به اتوبوس برمی‌گردم صندلی کنار من جوان تنومندی است با ریش نامرتب که می‌گوید دانشجوی پزشکی شده و می‌نالد از درد بی‌ایمانی جوانان و می‌خواهد درس بخواند زیر نور اتوبوس و کتاب «بینش اسلامی» را از کیفش در می‌آورد و پایش را از کفش، و لبه صندلی می‌گذارد. تهوع دارم و پلک‌هایم سنگین می‌شود. رویم را برمی‌گردانم. پیشانیم را به شیشه اتوبوس تکیه می‌دهم که با تکان‌های اتوبوس انگار کسی به صورتم سیلی می‌زند، سیلی‌های چهار گوش و سرد و یخ کرده. از جلو دانشگاه رد می‌شوم. شریعتی کنار جوی خیابان بساط کتابفروشی دارد و «شیعه یک حزب تمام» می‌فروشد.

آن‌طرف‌تر بنی صدر «بعثت فرهنگی» می‌فروشد. و من دنبال کتاب «تئوری مخابرات» نوشته‌ی شانون می‌گردم. و من می‌خواهم لبه‌های علم را گسترش بدهم. و من باید "عدم قطعیت هایزنبرگ" را با "قضیه مخابراتی شانون" ربط بدهم. و لبه‌های علم تا بیکران گسترده‌اند و آدرس می‌گیرم. یکی می‌گوید بعد از میدان انقلاب. بعد از سینمای بعدی. توی کوچه بعد. جوان تنومندی در انباریش را باز می‌کند و به کپه‌ی کتاب‌ها و جزوه‌های کهنه و پاره‌پوره اشاره می‌کند. "یکی ۲۵ تومن". و دختری که قرار است زن من بشود کنار پیاده‌رو ایستاده است و به جوی خیابان خیره شده. دختری که قرار است زن من بشود خودسازی می‌کند و چادر و مقنعه مشکی دارد و به مردها نگاه نمی‌کند. و من به آسمان نگاه می‌کنم چون منفعت‌طلبانه می‌دانم که تعداد ستارگان آسمان از ریگ‌های زمین بیشتر است و می‌توانم ثواب بیشتری جمع کنم. دختری که قرار است زن من بشود نمی‌داند که بخندد یا گریه کند. و من یاد نگرفته‌ام که بگویم «دوستت دارم».

خمار صدشبه

شعری برای همینجا و همین روز

(در اعتراض به محدودسازی اینترنت و فضای مجازی در ایران، مرداد هزاروچارصد)

و کسی چه می‌داند که من چند بار در روز به سراغ این صفحه‌ی مجازی «الکترونیکی» می‌آیم. و باز نگاه می‌کنم و باز نگاه می‌کنم تصویر صفحه کتابی که پست کرده‌ای و یا عکسی و یا نوشته‌ای و یا شکلکی که می‌خندد و ریسه می‌رود و اشک‌هایش سرازیر می‌شود. و سکوتی که فقط در نوای کلیک کلیک می‌تواند به وضوح به گوش رسد. و فاصله‌ای که فقط در صفحه‌ی کم نور گوشی همراه محو می‌شود. بماند اینکه الان دم غروب است. و نور پایانی یک روز ابری می‌رود که خاطره‌ای بشود در میان این روزهایی که آدم‌ها پناهنده‌ی سرزمین تنهایی خودشان شده‌اند. مثل روزهای دور و شاید نه چندان دور دانشجویی. نه چندان دور که مگر همه‌ی عمر ما چقدر است. و انگار ما هنوز از سه نسل قبلیم. و شاید دو نسل قبل. همان‌هایی که بچه‌ی اولشان که می‌مرد سهم کلاغ بود و دومی شاید سهم شغال و سومی سهم هر حیوانی که از آن حوالی می‌گذشت. و همه‌اش برای تسکین قلب شکسته‌ای بود که ماه‌ها باری را کشیده بود تا خنده‌اش را ببیند و ندیده بود. و ما ــ من ــ یا همان «ما» نسلی هستیم که بار عمری را کشیده‌ایم تا دلمان را تسکین دهیم به اینکه عمر ما هم سهم کلاغ بود شاید. کلاغی که چشمِ تنگ و دلِ سیاهش انگار

فقط به همین عمر ما بود و هست. و من چند بار در روز می‌آیم تا عکس کتابی، منظره ای و یا شکلکی را که پست کرده ای نگاه کنم. و برمی‌گردم به روزهای ثبت‌نام و انتخاب واحد یا دم امتحان و حلقه زدن دور بخاری بی‌قواره‌ای که جز دور و بر خودش جایی را گرم نمی‌کرد. و نگاه‌هایی که اجازه‌ی عاشقانه بودن نداشت اما می‌دوید پنهانی به دنبال صدای گام‌هایی که در میان هیاهوی تکرار شعار و استغاثه همچنان باز هم قابل تشخیص بود، بی آنکه رویت را از روی جزوه‌ای که نمی‌خواندی برگردانده باشی.

مشعلی که هیچ‌گاه ندیدیم

قرار بود در آن تاریکی و میان امواج سهمگین وقتی که صدای درهم شکستن قایق را شنیدیم و برق تیرهایی را دیدیم که به سوی قایق ما می‌آید، به آب بزنیم. به امواجی که نمی‌شناختیم و نمی‌دانستیم چقدر قدرت درهم کوبیدن جسم نحیف ما و تخته‌پاره‌های قایق را دارند. ما نه دریا دیده بودیم و نه رود خروشان. نه در شب سفر کرده بودیم و نه تنها. نه با موج آشنا بودیم و نه با مردن در آب‌های سرگردان. ما به آب زدیم. همان‌طور که گفته بودند. با اولین صفیر گلوله و با اولین تکان قایقی که درهم شکست. ما هیچ‌جا بجز آغوش امواج مرگبار نداشتیم. و هیچ جز رها کردن خود در آغوش این امواج سرد و سیاه نیاموخته بودیم. و تازه آن زمان فهمیدیم که آنچه به ما آموخته بودند برای مرگ بود و مردن. نه برای چگونه زنده ماندن. در ساحل هیچ دستی مشعلی برایمان تکان نمی‌داد. چرا که هیچ‌کس نه انتظار و نه باور داشت که ما بتوانیم از میان امواج سهمگین به کرانه‌ای برسیم.

منصور نوربخش

می‌خواهم تلخ ترین عاشقانه‌ها را بسرایم

پس از تسخیر مجدد افغانستان توسط طالبان در آگوست دوهزار و بیست‌یک

آفتاب آرزویی بیش نبود
در همهمه‌ی شامگاهی
که پایان را نفس نفس می‌زد
باران را صدا بزن
که ترنمی باشد در
لحظه‌های رو به زوال

می‌خواهم تلخ‌ترین عاشقانه‌ها را بسرایم
تا هرگز کسی هیچ لبخندی را
باور نکند
و هیچ نگاهی را
امید نبندد

تا هرگز مرگ عزم رستخیز نکند
و خاک وعده‌ی رویش ندهد
تا دیگر هیچ تاک بنی
خوشه‌ی مستی نپرورد
و هیچ نگاه مستانه‌ای
آرامش سنگ را نیاشوبد

خمار صدشبه

می‌خواهم تلخ‌ترین عاشقانه‌ها را بسرایم
تا هردلی به گناه تردید درغلطد
به‌رغم یقین سایه افکنده
بر آرامش تسبیح‌گویانی که دروغ می‌خرند
و مرگ می‌فروشند
آنانکه پاکی را تنها در اسارت دخترکان باکره می‌جویند
و ایمان را تنها در بردگی مردان عاشق
آنانکه افیون می‌فروشند و سلاح می‌خرند
مرگ ــ باورانی کافر به معنای زیستن

سوگ ــ سرودی چنان غریبانه و تلخ که گویی کفر کافران
جز به ستیز جان‌های بی‌خروش برنیامده است

منصور نوربخش

دوست من

«برای خانمی فیلیپینی-کانادایی که مورد اهانت یک خانم ایرانی-کانادایی قرار گرفت»

دوست من
من هم چون تو از پرخاشی که شنیده‌ای دلگیر شدم،
و همچون تو
به خشم آمدم
و همچون هر دل دیگری در تنهایی گریستم

در عجبم که چگونه کسی که با من
هم‌زبان است بخاطرش نیامد
که در زبان من چون تمام زبان‌های دیگر
زخم زبان
دردناک‌ترین و دیردرمان‌ترین زخم‌هاست

شاید زبان مردم دنیا متفاوت باشد
اما احساس کلمات در تمام ما یکسان است
آنچه تمام ما مردم در آن یکسانیم
احساس درد
و احساس عشق است
و آنچه همگان به آن نیاز داریم
احساس هم‌دردی یکدیگر است

خمار صدشبه

هیچ‌کس نیازمند دارایی دیگری نیست
اما ما همه
تمام مردم، ثروتمند و فقیر
نیازمند مهربانی یکدیگریم

منصور نوربخش

حس زنده بودن

حس زنده بودن
نیاز دردناکی است
آغشته به اشک و خون

حس زنده بودن
شاید همان عشق است
که مرا
در غزلی به تو می‌خواند

حس زنده بودن
تنهایی است
تنهاترین تنهایی‌ها
که شاید برای فریب
مفتشان و راهزنان
امید نامیده شده است

خمار صدشبه

برای مهسا امینی

زندگی را نشانه‌ای است
و مرگ را نیز.

در میانه غوغای چاوشان مرگ
و سکوت ما وهم‌زدگان

چشم و صورت کبود تو نشانه‌ای بود
که زندگی را می‌شناختی.

تو از مرز پر واهمه سکوت گذشتی
برای وانهادن غوغای چاوشان مرگ.

و چشم و صورت کبود تو
نشانه‌ای است
تا من دوباره و هرباره
زیستن را در خود بجویم.

مردن را نشانه‌ای است
همچنانکه زیستن را.

گیسوانت را به باد بسپار.

منصور نوربخش

جوان

برای مهسا امینی، نیکا شاه‌کرمی، سارینا اسماعیل‌زاده و تمامی شهیدان راه آزادی

من آن نسلی هستم که روزگار
با من هرگز به مدارا برنیامده است
دیدم که می‌کشید
و دم از عدالت می‌زنید
دیدم که می‌دزدید
و داد مظلومیت می‌دهید
دیدم که ناپاکید
و امر به معروف می‌کنید
هیچ نامی برایتان نمی‌یابم
جز نابکار
جز حرامی

از کدام دخمه برآمده‌اید
که طاقت لحظه‌ای آفتاب ندارید
به کجا سجده می‌برید
که نشانی از راستی در وجودتان نیست

من آن نسلی هستم که با روزگار
هیچ هرگزی را به مدارا بر نخواهم آمد

خمار صدشبه

و اینک مرا هیچ نیست جز جانی تافته
از خشم و خروش
بر حرامیانی که لحظه‌هایمان را
به غارت برده‌اند

منصور نوربخش

آنسوی پرواز

شعری برای کیان پیرفلک و تمام کودکان به خون خفته‌ی قیام «زن، زندگی، آزادی»

در حصار شب
جایی که تنها گلوله‌ها
فرصت درخشیدن دارند
کودکی با آوازاش
پنجره را می‌گشاید
و صدایش در اعماق زندگی
پژواک می‌یابد
و می‌خواند:
زندگی فراسوی پرواز است

صدا خفه کن نفرت

شعری برای دشمنان قیام «زن، زندگی، آزادی»

از عقربه‌های ساعتی که می‌چرخند
و زمانی که به پیش نمی‌رود
و نفرتی که می‌جوشد
که حتی مرگ را به هراس می‌افکند
از نگاهی خیره به هیچ کجا
بترسید. بترس.
تو پیروز نشده‌ای.
تو پیروز نخواهی شد.
در دستان تو هیچ نیست جز
صدا خفه کن نفرت
که همه چیز را در سکوتی وهم‌انگیز
نیمه‌ویران رها می‌کند
برای روزی که خواهد آمد،
در خروشی مهیب تر

منصور نوربخش

آخرین رمانتیک‌های من پیش از اینکه فحش یاد بگیرم

من رمانتیسم مذهبی زیادی را تجربه کرده‌ام. یعنی از وقتی که آنقدر کوچک بودم که انگار برای اولین بار تمام صداها را می‌شنیدم. و فکر می‌کردم که این کلمات آنقدر جدید هستند که تا به حال کسی آنها را نشنیده است. و گمان می‌کردم که عبا و عمامه و ریش همان خدای آدم‌های خدایی هستند. آنقدر کوچک بودم که وقتی از خیابان رد می‌شدم مطمئن بودم که هر دو طرف دنیا را دیده‌ام. آنقدر جوان بودم که نمی‌دانستم دروغ گفتن تازه از هنگام پیری شروع می‌شود. و دروغ از هر دو طرف خیابان عریض‌تر است. آنقدر جوان بودم که در تمام کتاب‌ها به دنبال خدا بودم تا عاشقش شوم. این بعدها بود که فهمیدم بیشتر دروغگوها عاشقند و نمی‌دانند که جز خودشان معشوقی ندارند. و همانطور که کم‌کم اعتنایی به نگاه کردن به هر دو طرف خیابان هنگام عبور نکردم، تازه آنوقت به آستانه پیری نزدیک شدم. و آن وقت تمام کلماتی که می‌شنیدم مثل وزوز زنبورها برایم تکراری بود. و شروع به آموختن کردم که دروغگو کسی است که از زیبایی گل‌ها می‌گوید اما هرگز آنها را نبوییده. و وقتی فهمیدم دروغگوها می‌ترسند که بگویند فقط خودشان را دوست دارند دیگر خیلی دیر شده بود، دیگر نمی‌شد سر سفره مادر برگشت با چای و نان گرم و پنیر. و آنوقت از اعماق عاشقانه‌هایم برای نان و پنیر و چای، بدون مادر

گریستم. فقط همین. و در عین حال باید اعتراف کنم که وقتی با دق‌دلی غر زدم که دنیا از اولش هم هیچ نیازی به من و عاشقانه‌هایم نداشت، این اصلا فحش نبود. و من تمام عمر بیهوده در جستجوی دو سوی دنیا هنگام عبور از خیابان بودم. لعنتی.

منصور نوربخش

برزگران نفرت

به آنانکه ناجوانمردانه جوانان شجاع خیزش" زن، زندگی، آزادی" را اعدام کردند.

ای تیغ برکشیدگان بر عشق و امید.
کشتن می‌دانید و شنیدن نمی‌توانید.
به ساکت کردن دلخوشید و نمی‌دانید که نفرت می‌روید و می‌جوشد در اعماق جان‌ها.
اگر از توفان فریاد هم جان بدر برید، با گرداب نفرت چه می‌کنید؟
اگر با گلوله و چوبه دار به جنگ توفان می‌روید، گرداب نفرت هیچ بندی و ممنوعیتی را بر نمی‌تابد.
و تا قرن‌ها می‌پاید.
دریغا که در جان‌های تشنه‌ی عشق و امید بلوای نفرت می‌افکنید.
گردابی که نخست خودتان را به کام می‌کشد.
و دردا که تا دیر زمانی از پس روزگار شومتان نیز این گرداب خواهد چرخید و خواهد خشکاند.
جز جهل نمی‌دانید و جز جنایت نمی‌توانید.
آشیان را با کودکان و فرزندان این کودکان به یکباره به آتش کشیده‌اید.

خمار صدشبه

بوسه بر باد

تقدیم به مادران و پدران تمام شهیدان «زن، زندگی، آزادی»

باد را می‌بوسم
که رهاست
که واهمه‌ای ندارد از رفتن
از رسیدن

باد را می‌بویم
که بوی عشق می‌دهد
که عاشق است و مست
که شاید عاشقی را بوسیده
در سحرگاه، رها، آزاد

انگشت در گیسوان باد فرو می‌برم
که بی دغدغه می‌پیچد
بر شاخه‌های گل بر سر راهش
و می‌راند هر بوته خار خونخوار را
که خشک است و بی‌ثمر،
سزاوار سوختن

تا بخاطر داشته باشم
که دیریست در من خیالی می‌جوشد

منصور نوربخش

چون شبنم صبحگاهی
تا فراموش نکنم
عطر آرام شاد بودن را، رها بودن را
که هم نفس اطلسی‌هاست
چون خیال رنگارنگ نگاه مادر

معنای پیوستگی

شب،
با دکمه‌های لباسم گلاویز می‌شود.
در تکرار نبردی میان معنی انگشتانم و کرختی سرما.
واهمه من از مرگ نیست
از تکرار مرگ است و تکثیر مرگ.
من بارها پیش از این مرده‌ام
در دندان‌های خونینی که کلمه‌ای را تکرار کرده‌اند،
بسان بوسه‌های وداع.
مثل جویدن سرما
و لرزش انگشتان کرخت شده
که یارای تشخیص
دکمه‌ها را از شب ندارند.

منصور نوربخش

اشک و خشم

برای مریم آروین و تمام جانباختگان انقلاب زن، زندگی، آزادی

چه می‌جویند این دیوان
در زاد و توشه ما
اگر نه دشمنان زندگی‌اند.

مگر در توشه‌ی تو
جز شوق زیستن چه بود؟
آزاد و بی دریغ.

ایران نام مادری است عزادار و خشمگین.
عزادار جان‌هایی سترگ
که یکایک از آغوشش ربوده می‌شوند
و خشمگین از تهمت دیوانی که دست خونین خویش
به خون می‌شویند.

چه می‌جویند در زاد و توشه فرزندانمان؟
اگر نه هیچ نشانی از زندگی را
برنمی‌تابند.

کاسه صبر

به یاد تمام جان‌باختگان خیزش " زن، زندگی، آزادی"

دلم کودکی است
که به گریه آرام نمی‌گیرد.
و به فریاد رام نمی‌شود.

آرامش نمی‌خواهد
نصیحت سکوت و رام شدن
نمی‌پذیرد.

آرام نمی‌گیرد.
آرام نمی‌گیرد.
آرام نمی‌گیرد.

بافرهنگ

فلسفه، جلد چرمی زرکوب
درس اخلاق، کاغذ مرغوب
جامعه، جلد و کاغذ کاهی
اقتصاد، نم‌کشیده و مرطوب
عشق، یک خط و نیم و دو امضا
خاطره، عکس و شیشه‌ای مصلوب
جایتان خالی، اینقدر زیباست
شهر من، دیروقت، تنگ غروب
دلمان از دروغ می‌گیرد
گریه درمان درد ماست، چه خوب
گریه کردن برای دل، پاکی است
دل ما خوشه، گریه خرمن‌کوب
کودکان را به جدِ می‌آموزیم
راستی و درستی مطلوب
با سکوت و وقار و آهسته
همه هستند عاقل و محبوب
شاد یعنی به قسمتش راضی
اهل دعوا و دردسر، مغضوب
راستی، توی این اداره کسی
نیست از بستگانتان منصوب؟

دلیرانه

برای خیام نیشابوری

گر بر فلکم دست بدی چون یزدان
برداشتمی من این فلک را ز میان
از نو فلکی دگر چنان ساختمی
کآزاده بکام دل رسیدی آسان
(خیام نیشابوری)

و زیبایی بهانه‌ای بود تا بیهودگی را پنهان کند. و عشق که سرچشمه زیبا دیدن بود، بهانه‌ای شد تا گردش بی‌امان زمان را تحمل کنی. تحمل بدرقه هر بهار به امید بهاری دیگر. اما شراب چیز دیگری بود. خیام، تو این را خوب دریافته بودی که حباب‌هایی که برگرداگرد جام شراب بر می‌آیند از ستارگانی که در گردش آسمان می‌درخشند نیرومندترند. خیام تو می‌دانستی که عشق هرچند آنچنان تواناست که بتواند جهان را در نگاه خسته ما به زیبایی تبدیل کند و درماندگی را هر چند در آغاز کار به شور بدل کند. اما آنچه بار زیستن را به سبکی و رهایی حبابی بر لبه جام دگرگون می‌سازد، چیزی جز جامی لبالب از شراب نیست. که اندوه زیستن به مثابه بردگی زمان را از دل بزداید. عشق هرچند آفریننده زیبایی است اما قادر به زدودن اندوه گذر ناگزیر تنهایی نیست.

تو هربار پس از کنکاش در افلاک آتشین به کنار کوزه سفالی خود برمی‌گشتی، زیرا شراب چیز دیگری بود. خیام تو خوب می‌دانستی که حباب‌های نازک‌دلی که به دور جام شرابت می‌درخشند از ستارگان و افلاک آتشین قوی‌ترند.

خیام تو هم پنجه در رگ و پی کاینات افکندی و هم پنجه در جان آدمی زدی. تو، هم به گوی بیهوده در چرخش جهان چوگان درکشیدی و هم بر روح سوزان انسان.

پایبند زمین و چرخش وقفه‌ناپذیرش آغوش گشودی. و چنین بود که دستان خویش را به درستی با دست خدا مقایسه کردی. تو چرخ سفالگری کهکشان‌ها را در کوزه زمینی خویش دیدی.

تو آن شجاعت را داشتی که مانند پرومتئوس آتش آسمان را لمس کنی و همزمان خون جگر سیزیف را در کوزه‌های سفالی زمین بچشی. خیام تو چه بسیار دلیر بودی؟ شاید حکمت یا الهام هرگز چیزی جز چنین دلیرانه زیستن نبوده است.

به سختی قابل درک

برای کتاب «عشق بدن‌مند» ترجمه رضا علوی، بهنوش عافیت‌طلب و محمد مهدی علومی.

نمی‌دانستم از سایه‌ام سخن می‌گویی
وقتی که گفتی شعرت بی‌معناست.

باور داشتم که هیچ‌گاه جهت نور را گم نکرده‌ام.
پس، نگریستن به سایه‌ام عبث می‌نمود.

کوشیدم نور همیشه پیشاروی من باشد.
و من هنوز در حیرتم که چرا سخنت را در نگاهت نجستم.

این همه تقصیر افلاطون بود که جسم را با جان تاخت زد.

راست گفتی، آنچه از خود بجا گذاشتم، فقط سایه‌ام بود.

و عبث‌تر انتظار مفاهمه از گفتگوی سایه‌ها.

منصور نوربخش

سوگند

برای شروین حاجی پور که ستم‌پیشگان بخاطر ترانه سرودن او را محکوم کردند.

تو را به آینه سوگند و عشق بی تکرار.
تو را به خاطره‌های گرفته گرد و غبار.
تو را به آفت این آسمان پر نیرنگ.
تو را به سیرت گردون پست پر آزار.
تو را به حرمت آزاردیدگان در بند.
تو را به حق شکنجه، به حق چوبه دار.
تو را به حرمت دل‌های سخت و خیره چو سنگ.
تو را به حق ستم پیشگان لاکردار.
تو را به حرمت نومید کردن کودک.
تو را به جان گلوله، به حق آتشبار.
تو را به حق تماشای مرگ در میدان.
تو را به حق دروغ و به جان بند و حصار.
بیاد دار که ما را هوای باران بود.
بگو که چهچه بودیم در گلوی هزار.

دیده‌بوسی

ای بهتر از دیوانگی و ای خوش‌تر از خواب سحر.
بگشای در دیوانه را، آمد زمان شور و شر.
چون اشک راه خواب زن، چون مرگ بر بیگاه زن.
دزدانه ما را راه زن، تا بینی‌ام بی پا و سر.
یا قصد خون ما مکن، یا با دلم سودا مکن.
یا درد را حاشا مکن، یا در گشایم بی‌خبر.
ای سود و ای سودای من، ای شام بی‌فردای من.
آرامش غم‌های من، هم غمگسار و فتنه‌گر.
تا بوسه بارانت کنم، جان را به قربانت کنم.
بر دیده مهمانت کنم، در شیر جانم چون شکر.

منصور نوربخش

شاعر

زمان مرا به مرگ تشبیه کرد.
و مرا ماندگاری مرگ نامید.
و من شاعر شدم.
سرمست و غزلخوان چون باد.
هوهو کنان، در پیچیده با گل و خار.
سرگردان در هر رخنه و روزن.
سینه به سینه‌ی دریا و کوه.
پنجه در پنجه با هرچه که راه دربندد.

تا ابرها را بر دوش کشم.
و امید رویش را. روشنایی را.
در گذری بی بازگشت.
از هر رخنه و روزن.

تنها باران بود که بر جای قدم‌هایم
آبی افشاند. به رسمی دیرین.
در آرزوی بازگشت.

حلزون‌های درختی

ما حلزون‌های درختی خیلی کوچکیم، اما نه به کوچکی مورچه‌ها. ولی مورچه‌ها از ما سریع‌تر هستند. و در یک زنجیر بدنبال هم حرکت می‌کنند. حتی اگر کسی موقع راه رفتن پایش را رویشان بگذارد فقط چند تایشان له می‌شوند. بقیه به سرعت فرار می‌کنند. ما مثل کرم‌های خاکی آهسته حرکت می‌کنیم و بی‌صدا هستیم. کرم‌های خاکی در زیرزمین و میان گل و لای زندگی می‌کنند. کرم‌های خاکی زیر قدم‌های کسی له نمی‌شوند. یا مثلا زالوها، فقط به خزه‌های میان جوی آب می‌چسبند. زیر قدم‌ها له نمی‌شوند. و منتظر می‌مانند تا کسی برای آب خوردن بیاید. ما حلزون‌های درختی، پس از یک نم باران بیرون می‌آییم، تا در آفتاب به برگ‌ها و تنه خیس درختان بچسبیم، نفس بکشیم و گرمای مطبوع خورشید را حس کنیم. اما با یک نسیم به زمین می‌افتیم. مارمولک‌ها هم برای لذت بردن از آفتاب بیرون می‌آیند. شکمشان را به سنگ‌های آفتاب خورده می‌چسبانند، و با یک چشم مراقب جلو و با چشم دیگر مراقب پشت سرشان هستند. همینکه کسی نزدیکشان بشود به سرعت به نزدیک‌ترین سوراخ می‌خزند. ما حلزون‌های درختی فرصت زیادی برای چشیدن طعم آفتاب نداریم. لاک‌هایمان زیر اولین قدم‌های هر کسی که از اینجا رد شود می‌شکند. ما حلزون‌های درختی مثل آدم‌هایی هستیم که فقط یک زندگی

منصور نوربخش

معمولی و آرامشی به اندازه یک قطره باران و چند لحظه آفتاب می‌خواهند.

نیکخواهی

برای تمام کودکان جنگ

جایی میانه راه بود
که نشستم.
متوقف نشدم.
تنها ادامه نمی‌دادم.

در مارپیچ یک پلکان بسیار بلند شاید.
رو به بالا که تا چشم کار می‌کرد
پله بود.
یا در میانه یک چاه شاید.
که تا جایی که تاریکی محض
همه چیز را می‌پوشاند
پله بود.

نشستم. متوقف نشدم.
هنوز لبانم می‌جنبید
درمیان صورتی
که در حصار دستانم بود.

متوقف نشدم. لبانم می‌جنبید
و اشک‌هایم سرازیر بود.

منصور نوربخش

و من هنوز آرزوی نیک‌خواهی را زمزمه می‌کردم.

رهایی و بخردی

برهنه ایستاده بر بام هستی،
تحقیر بردگی است.
و ناپدیدی هراس از مرگ،
که سرباز حقیر بردگی است.

تحقیر هراس مرگ، بخردی است.
و هجوم بر نابخردی آنان که
جسارت نگریستن بر
بام هستی را ندارند،
و از هم دریدن هرزگی آنان که
دیدن پاکی را ورای پارچه‌ای
تاب نمی‌آورند.

منصور نوربخش

سنگ و غبار

برای کیانوش سنجری

سنگ بودن مرا به وحشت می‌اندازد،
غبار بودن نه.

در آشوب باد سر برشانه‌های لرزان شاخه‌ها نهادن،
و بوسه ربودن از لبان خار همچون غبار.
در خزان بهانه‌ایست زیستن را.

آب و آینه رقیبان دیرینند،
رقیبان بی‌آزار دیرین،
که هیچ کم از عاشقان دیرین ندارند.
سنگ و غبار اما،
رقیبان دیرینند،
دشمنانی به کینه‌ورزی
آرامش و آشوب،
هماوردان جنگ بی‌امان زمان.
که غبار سنگی است
سیلی زمان‌خورده.

خمار صدشبه

سنگ بودن مرا به هراس می‌افکند،
غبار بودن اما نه.

منصور نوربخش

به گستردگی تمام پیرامونت

برای تمام کودکان کار

«جامعه‌ای که نقد و اعتراض را برنمی‌تابد، نه تنها به نظم و امنیت دست نمی‌یابد، بلکه آنچه می‌پروراند توهم و خودویرانگری است که بذر شورش‌ها و ویرانگری‌های بزرگ و ناگزیر است.»

شاید تو هم ساعت‌ها پشت درخت‌ها و یا در سایه سنگ‌ها و تپه‌ها منتظر آمدن قطار نشسته باشی.
شاید انتظار حوصله‌ات را سر برده باشد. شاید دلشوره گرفته باشی. شاید تا مرز تغییر تصمیم و برگشتن هم رفته باشی وقتی که گرمای بعدازظهر عرق را از سر و رویت جاری کرده باشد.
اما قطار بالاخره رسیده است. با سروصدای مهیبش همچون دیوی تنوره‌کشان. با هیکل پر ابهتش که با هر چرخش چرخ‌هایش زمین و تمام تنت را لرزانده است.
بعد از این‌همه انتظار، آن‌وقت وقتش است، که هم‌صدا با غرش مهیب قطار نعره بزنی و نگران نباشی که کسی صدایت را بشنود و یا با خشم بر سرت فریاد بزند، ساکت شو!
تو می‌توانی دست‌ها و تمام بدنت را با تمام وجود تکان بدهی، مثل یک دیو کوچک در کنار دیو بزرگ، در کنار قطار

که می‌غرد و با پیچ وتاب سینه بر زمین می‌ساید و پیش می‌رود.

تمام بدنت را تکان بده و فریاد بکش همانطور که قدم به قدم در کنار قطار غران می‌دوی. دست‌هایت را با مشت‌های گره کرده بلند کن و با تمام وجود فریاد بزن. با تمام وجود بدو. با تمام وجود خود را بر تمام پدیده‌های اطرافت تحمیل کن، طوری که همه چیز حتی دیو غران قطار را هم فراموش کنی. تمام اینها فقط چند دقیقه بیشتر طول نمی‌کشد. سرانجام قطار از آنجا عبور می‌کند. تو از دویدن و فریاد کشیدن باز می‌ایستی. اما آنچه بجا می‌ماند سکوتی عمیق است که بر همه جا سایه افکنده. انگار همه چیز با احترامی آمیخته با ترس در مقابلت سکوت کرده.

آنوقت تو خودت را بیشتر از گذشته احساس می‌کنی. دیگر فریاد نمی‌زنی. دیگر نمی‌دوی. اما خودت را، بدنت را هر چند کوچک اما حس می‌کنی که به اندازه تمام دوروبرت گسترده است. آرام شده‌ای مثل رودخانه‌ای که در بستری گسترده در دشتی وسیع با ظاهری آرام حرکت می‌کند. بی‌قراری‌ها، و نگرانی‌هایت موقتا تمام شده است.

آرام برمی‌گردی با احساسی وسیع‌تر از تمام پیرامونت. حالا آرام قدم برمی‌داری ولی همچنان احساس می‌کنی که زمین زیر پایت می‌لرزد. هرچند آرام نفس می‌کشی اما نعره‌های ناتمام تا مدتی همچون تک سرفه‌هایی ناخودآگاه از سینه‌ات

بیرون می‌پرد. انگار دیو کوچک دارد تمام احساس‌های فروخورده‌اش از بی عدالتی‌ها و تحقیرها، رنج کار، پابرهنه دویدن‌ها، و گرسنه خوابیدن‌ها را به بیرون تف می‌کند. و گونه‌هایت گرم و تبدار گل انداخته‌اند، انگار طعم بوسه‌ای را چشیده باشند.

خمار صدشبه

به یاد جانباختگان اعتراضات سال هشتاد و هشت و سال‌های بعد

ای مرغ سحر در این شب تار
دیدی اثر سیاهکاری؟
آتش به دل شکسته‌ام زد
خونی که شد از دو دیده جاری
افسوس، سرودِ سبزِ آن لب
شد ناله و اشک و سوگواری
تا چند بهار همچو پاییز؟
تا کی به امید و بی‌قراری؟
یاد آر ز شمع مرده یاد آر*

---
* برگرفته از دهخدا

منصور نوربخش

تابستان هشتاد و هشت

خاموش‌ترین ترانه، میهن
قربانی بی‌بهانه، میهن
ویرانه‌تر از زمانه، میهن
خون از دل او روانه، میهن
در دست ستمگران گرفتار
از نام تو آبرو خریدند
فرزند ترا به خون کشیدند
جز گور، دل ترا ندیدند
کاش آه تو خلق می‌شنیدند
فریاد ز جاهلان خونخوار
آزادگی و امید، دار است
در چشم امید ما غبار است
حسرت‌زده، چشم اشکبار است
این باز، غبار بی‌سوار است
تاکی لب عشق و بوسه‌ی دار؟
یک روز به شادیت، ندیدم
امید رهاییت، ندیدم
سر سبز بهاریت، ندیدم
جز ضجه و زاریت، ندیدم
یک قرن، اسیرِ دردِ تکرار

نامه

دوست عزیز. غمخوار دیرین. این نامه درد دلی است که فقط برای شما می‌نویسم. شعر، خوب است خوانده شود، زمزمه شود. اما اینکه شعر نیست. درد دل است، فقط و فقط برای شما. خاطرم حزین است و شعر تر نمی‌انگیزد. دیروز صبح شاهد دستگیری پیرمردی بودم که به آدم‌ربایی بیشتر شبیه بود تا یک اقدام قانونی. صبح که سرِ کار می‌آمدم نزدیک میدان ونک از یک ماشین پژو یک مرد جوان و یک مامور انتظامی بیرون آمدند و درحالی که یک موتورسوار هم مراقب بود از یک پراید مرد مسنی را به زور بیرون کشیدند و با خود بردند و هرچه زن جوانی که شاید دخترش بود فریاد زد نتیجه‌ای نداشت. موتور سوار هم راننده پراید را گرفت و مانع فعالیتش شد. موضوع و دلیل آن را نمی‌دانم. اما بروز این صحنه را در شهر تهران در آن موقع صبح نشانه دردی جانکاه و دیرین می‌دانم که بر جان شهر ما افتاده است. آری، دوباره می‌خواهند چند روزنامه‌نگار و فعال سیاسی را برای اعتراف بیاورند. تا دوباره ردای تحقیر و شرم و ترس بر تن شهر ما بپوشانند. قصه‌ای تکراری که حاصلی جز پاشیدن بذر اندوه و افسردگی و ترس و ناتوانی ندارد. آیا می‌توان باور کرد که از چنین بذری، آزادگی و بالیدن اندیشه و هنر به بار آید؟ این قاعده دیرین که سرداری خونخوار پس از فتح شهر و پیروزی به روش فاتحان قرون وسطی، قربانیانی برای گردن‌زدن به

منصور نوربخش

میدانگاه شهر و پیش چشم همگان بیاورد و ترس و تحقیر مردم را نشانه پیروزیش بداند، کی تمام خواهد شد؟

تهران، تیر هشتاد و هشت.

سبزه و خاشاک

تابستان هشتاد و هشت

برپا شده دارهای بسیار
گویا که دمیده سبزه از خار
از دیدن عشق می‌گدازد
خودکامه به نفسِ خود گرفتار
ترساند زمرگ و برده‌مان خواست
آزاده‌کش پلید خونخوار
خاشاک تویی ندانی امید
خاشاک نمی‌کشند بر دار
حلاجِ ترانه خوانِ عشقیم
آتش شده خاک شهرِ خون بار
تا باز بروید از دلش شوق
ای ابر، به شهر غم فرو بار

منصور نوربخش

شاعر سکوت

اسفند یکهزار سیصد و شصت

من شاعر سکوتم
با کوله بار فریاد
مشتاق بر رهایی
از چنگ دیو بیداد

همراه با نوایم
بس نای‌ها بریده
از تازیانه ظلم
در گوشه‌ای خزیده

وقتی که کودکانه
با قلب پاک و معصوم
دیدم شکوفه‌ها را
غافل ز باد مسموم

ما را بهانه‌ای بود
فردای شاد و روشن
شوق شکفتن ما
امید بر رسیدن

خمار صدشبه

اکنون هوا گرفته است
از زخم‌ها و میله
از میله‌های زندان
از زخم‌های کینه

آری بتان بیداد
ره بر عبور بستند
رگ‌های زندگی را
اندر تنم شکستند

اما و زنده بودن
بی من ادامه دارد
باران خوش است حتی
بر گور من ببارد

منصور نوربخش

منصور نوربخش به دو زبان انگلیسی و فارسی که زبان اصلی اوست، شعر و داستان می‌نویسد. او دانش‌آموخته مهندسی برق است و اکنون با خانواده‌اش در تورنتو کانادا زندگی می‌کند.

از منصور نوربخش تاکنون کتاب‌های زیر منتشر شده است:
به سراغ من اگر می‌آیید / زندگی و شعر سهراب سپهری، مروارید، تهران.
دیدار با فلق / زندگی و شعر منوچهر آتشی، جامعه شناسان، تهران.
In Search of Shared Wishes, Friesen Press, 2017.
Till you Recognize Me, Mosaic Press, 2024.
Powdery Wings, Mosaic Press, 2024.

اشعار انگلیسی او در مجلات و گلچین‌های ادبی مختلف کانادا منتشر شده و همچنین برخی شعرهایش به زبان‌های دیگر نیز ترجمه و نشر یافته است. منصور نوربخش از سال دوهزاروبیست با رادیو فارسی زبان اتاوا (نماشوم) همکاری داشته و به معرفی شاعران امروز کانادا و سایر کشورها پرداخته است.

انتشارات آسمانا (تورنتو) منتشر کرده است:

پژوهش‌های علمی و دانشگاهی

- *Music on the Borderland: Remembering and Chronicling the 1979 Revolution's Shadow on Iranian Music*, by K. Emami, 2024.
- *Whispers of Oasis: Likoo's Poetic Mirage*, by M. Ganjavi, A. Fatemi and M. Alimouradi, 2024
- *زبان، انسان و جامعه: ادبیات و زبان‌های اقلیت در ایران*. ویرایش امیر کلان، مهدی گنجوی، آنیسا جعفری، و لاله جوانشیر، ۲۰۲۴
- *تنگلوشای هزار خیال: جستارهایی در ادب و فرهنگ*، رضا فرخفال، ۲۰۲۴
- *دلالت‌های تحلیل طبقاتی در سرمایه‌داری امپریالیستی*، محمد حاجی‌نیا و شهرزاد مجاب، ۲۰۲٤
- *شبِ سیاه و مرغان خاکسترنشین؛ شعر نیما در دهه‌ی دوم*: ۱۳۲۱ ـ ۱۳۱۱، ۲۰۲٤
- *حافظ و باژگویی*، تالیف رضا فرخفال، ۲۰۲٤
- *زنان کُرد در بطن تضاد تاریخی فمینیسم و ناسیونالیسم*، تالیف شهرزاد مجاب، ۲۰۲۳
- شورش دهقانان مکریان ۱۳۳۲ ـ ۱۳۳۱ *: اسناد کنسولگری*، مکاتبات دیپلماتیک و گزارش *روزنامه‌ها*، پژوهش امیر حسن‌پور، ۲۰۲۲

تصحیح انتقادی

- *تاریخ شانژمان‌های ایران*، تالیف میرزا آقاخان کرمانی (به کوشش م. رضایی تازیک)، ۲۰۲٤
- رستم در قرن بیست‌ودوم (تصحیح انتقادی و مصور)، تالیف عبدالحسین صنعتی‌زاده (ویرایش م. گنجوی و م. منصوری)، ۲۰۱۷

شعر

- *دفتر الحان*، شعر از امیر حکیمی، ۲۰۲۴.
- *با سایه‌هایم مرا آفریده‌ام*، شعر ازهادی ابراهیمی رودبارکی، ۲۰۲۴
- *شهروندان شهریور*، غزل از سعید رضادوست، ۲۰۲۴
- *آینه را بشکن*، شعر از نانائو ساکاکی، ترجمه مهدی گنجوی، ۲۰۲۴
- *عجایب یاد*، شعر از امیر حکیمی، ۲۰۲۳
- *کهکشان خاطره‌ای از غروب خورشید ندارد*، شعر از مهدی گنجوی، ۲۰۲۳
- *غریبه‌هایی که در من زندگی می‌کنند*، شعر از مهدی گنجوی، ۲۰۲۱
- *تبعیدی راکی*، شعر از علی فتح‌اللهی، ۲۰۱۸

داستان

- *اسباب شر*، رمان از جواد علوی، ۲۰۲۵.
- *جلوی خانه ما یکی مرده بود*، مجموعه داستان از اکبر فلاح‌زاده، ۲۰۲۴
- *زینت*، رمان از وحید ضرابی‌نسب، ۲۰۲۴
- *فیل‌ها به جلگه رسیدند*، رمان از کاوه اویسی، ۲۰۲۴
- *درنای سیبری*، نمایش‌نامه از علی فومنی، ۲۰۲۴
- *مقامات متن*، رمان از مرضیه ستوده، ۲۰۲۴
- *انتظار خواب از یک آدم نامعقول*، مجموعه داستان از مهدی گنجوی، ۲۰۲۰

برای ارتباط با نشر آسمانا:

asemanabooks.ca

One Hundred Nights
of Yearning

Mansour Noorbakhsh

Asemana Books
2025

------------------Asemana Books--------------